教えてデュベ先生、社会学はいったい何の役に立つのですか？

フランソワ・デュベ
監訳——山下雅之　訳——濱西栄司・渡邊拓也

新泉社

教えてデュベ先生、社会学はいったい何の役に立つのですか？

もくじ

本文中「†」は原注、「*」は訳注記号、〔 〕は訳者補足です。

1

「役に立つ」とはどういうことか

人はなぜ、どのようにして、社会学者になるのだろうか
社会学は、自らの有用性を検討しているのだろうか

一つ目の注意点――私は、自分がなぜ社会学者になろうとしたのかについてはうまく語れないだろう。高校ではたぶん誰も社会学という言葉を口にしたことがなかったし、私はその言葉の存在さえ知らずに卒業したのだから、幼い頃の使命感の結果、社会学者になったということはまずない。当時、まともな人文科学・社会科学とみなされていたのは歴史学と哲学であり、そしていくらか程度は落ちるが、経済学と心理学だけだった。私が社会学を学ぶようになったのは、無知と偶然が重なったためである（Dubet 2007）。

一般的に言っても、どのようにして人が今の状況になったのかを語るほうが、なぜ、つ

まりいかなる運命、計画、使命によってそうなったのかを語るよりも誠実で、また信用に値する。そもそも今日、高校生や若い学生に「将来のプランをもつよう」やかましく言うことは、精神的に残酷であるばかりか、社会学的にも非現実的なことだろう。というのも成功した大人たちが話す人生譚のほとんどは「小説」のようなものだからだ。つまり、自分の人生を一つの作品として、若い頃の将来プランを実現させたものとして感じとりたい人々が、少しでもそこに確実さや一貫性を与えようとして語る作り話のようなものだからである。

二つ目の注意点――「有用性」という言葉は、多くの人を憤慨させるかもしれない。なぜなら科学の目標はまず知識を生み出すことであり、有用性の原則に従うわけではないからだ。それゆえ、ここで言う有用性とは、限定された意味ではなく、非常に広い意味でとらえられるべきだろう――つまり社会学が実社会の中でどのような役割を担っているのか、その使命は何かという意味である。

一見したところ社会学は、何か産業の元になるわけではないので、生物学や工学ほど「役に立つ」ものではない。しかし音楽や絵画、哲学、文学より「役に立たない」わけでもない。音楽などの表現と同じく、社会学も何らかの役割を担っている。功利主義を批判する場合でも、何かの役には立っているのである。社会学者は、他の学問が、たとえ自らは何を望み考えていようが、実際は何に「寄与している」のかを示すことにとても長けている。であれば、社会学者が、自分たちの学問的実践の中にあるそのような推論を、社会学自身に向けるのを拒否するのも奇妙なことであろう。

社会は自らを知らなければならない

右に述べた二つの注意点の土台には、つぎのような大切な主張がある——すなわち社会学が役に立つのは、近代社会がもはや、ずっと昔にそうであったような神の意志の達成物としても、啓蒙の世紀に理想とされたような自由かつ合理的に社会契約を結ぶ人間の意志の明らかな産物としても、姿をあらわさないからである、と。人々がもはや同じ神を信じず、しばしば神自体を信じていない時代にあっては、また君主と国家と法が社会生活全体を組織することのない時代、社会変化が当たり前になっている時代にあっては、宗教的な神話も自由意思による法の合意も、社会がどのようにしてつくりだされ、維持され、変容するのかを十分には説明してくれない。オーギュスト・コント*が社会学という言葉を発明したのは、そのことを伝えるためであった。近代社会は、他の自然の事物のように、たんなる必然性の産物ではないから、自らについての表象をつくりださなければならないし、自らを知らなければならないのだ。

以上のことを、少し距離をとって眺めれば、社会学が役に立つのかという問いは提起されるまでもないことがわかるだろう——つまり近代社会が社会学を必要とするのは、その社会が近代的だからであり、その社会自らが自らの行為の結果であることを知っているからである。そしてまた、世界が開放的になって文化と社会がますます相互に関わりあうようになったために、社会が絶えず自らを知り、自分がどこにいるのか認識しなければならなくなっているからである。私たちは、自分たちをしばしば憤慨させるような社会問題、つまり貧困や抑圧や暴力に対して、さまざまな対応が、道徳的な信念や政治的な意思を介

*——Auguste Comte. 一七九八—一八五七。フランスの哲学者で、実証主義（哲学）の提唱者。

してなされていることをよく知っているが、それらの対応が、知識を介して、社会学を介して、そしてあらゆる社会科学を介してなされていることも知っているのだ。

私が学生だった一九六〇年代後半には、社会学の有用性は自明のことのように思われた。純朴だと思われるだろうが、私たちは産業社会の成長のただ中で、科学と知識が当然、人類の幸福に寄与すると確信していた。さらに、自然科学と科学技術がとても肯定的にとらえられるようになると、人文科学と社会科学もそれらと同等の役割を担うのだと主張するようになった。社会が「機能」するメカニズムと社会生活とを客観的に認識することは、社会的行為者の「意識の水準」を高め、社会的行為者をより自由に、より有効に、より合理的等々にすることができるのだ、と。

レイモン・アロン*(1960)は、一九六〇年代初めにつぎのように書いているが、彼がとりわけ楽観的で純朴だったとは言えない――「自らが冷静な観察と遠慮のない好奇心の対象となりえるほど野心的な、あるいは慎重さに欠けるこの社会の自己認識でありたい、それが社会学の抱く使命感である」。産業社会は、認識を通して自らに働きかけられると確信していた点で「野心的」だったが、自らを正面から見つめる中でやや幻滅していく点では「純朴」だった。

社会学は基本的に、さまざまな表象と現実のあいだに、そして最も高度な原理と最も平凡な事実のあいだに、ズレが存在することをつねに強調してきた。そして、その距離をあらわにすることそれ自体が役に立ったのである。『遺産相続者たち』(Bourdieu et Passeron 1964) は、より合理的で公正な教育と教育学とを組織することを提案しているが、要するに、学業上のさまざまな不平等を告発している。『労働者意識』(Touraine 1966) や『官僚制的現象』(Crozier 1963)、『農民の終わり』(Mendras 1967)、そして大衆文化に関するエドガール・モラン**の諸著作 (Morin 1962) は、変化を描きながらも、うまくいっている点と危険な点を際立たせ、現実社会の穏当な変化を求めながらも、さまざまな形態の支配や障壁、

＊――Raymond Aron. 一九〇五―一九八三。フランスの社会学者、評論家。ウェーバーなどのドイツ社会学をフランスに紹介した。共産主義に対抗すべくキリスト教とヒューマニズムの再建を主張したことでも有名。

＊＊――Edgar Morin. 一九二一―。フランスの社会学者。歴史研究から映画の研究に進み、評論家としても活躍した。出来事の社会学や著書『オルレアンのうわさ』で知られている。

幻想をあらわにしているのである。

社会学の有用性に関するこのような考え方は、当時、立場のかなり異なる社会学者たちに共有されていたが、率直に言って、まだ死に絶えたわけではないと私は考えている――仮に社会学のそのような意味での有用性を信じられなくなれば、社会学が努力に値すると考えたエミール・デュルケーム*のような社会学者はほとんどいなくなるだろう。もちろん、もはや私たちはそのような有用性に素朴かつ堅固な信仰などもちあわせてはいないが、社会学が純朴さを失ったこの時代にあっても、人文科学に対する科学万能主義的な信頼――結局、科学の名においてしか本当に科学を批判することはできない――のようなものは残っているのだ。

社会学の有用性に関する当時のこのような信頼感は、たんに知的な理由だけで説明がつくわけではない。一九六〇年代のフランスでは、アルジェリア戦争が終結し、経済も好調だったので、高級官僚の中には、再建されたこの国を、今度は近代化させる必要があると信じて、社会学的研究を支持する者もいた。社会学が、科学や大学の世界の中に定着すればするほど、この学問の有用性はますます明らかなものになっていった。社会学は、哲学の背後に、あるいはデュルケームのように教育学の背後、モーリス・アルヴァクス**のように「集団心理学」の背後に隠れつつ発展したのちに、人文科学や社会科学の領域ではっきりと自らを主張するようになっていった。フランスでは、社会学は、一九五〇年代にジョルジュ・フリードマン***の功績で国立科学研究センター****（CNRS）内に位置づけられた。その学士号は一九五八年に定められ、一九六七年には養成課程が整備された。それまでは、仮に社会学者は知的な面で自らを認めることはできても、ずっと前からゆるぎない学問上

*――Émile Durkheim. 一八五八―一九一七。社会学の創始者のひとり。『社会的分業論』や『自殺論』、『社会学的方法の規準』、『宗教生活の原初形態』などを著した。

**――Maurice Halbwachs. 一八七七―一九四五。フランスの哲学者、社会学者。労働や集合的記憶に関する研究で有名。第二次世界大戦中にナチスの強制収容所で死亡した。

***――Georges Friedmann. 一九〇二―一九七七。フランス労働社会学を確立し、クロジェやトゥレーヌらを育てた。技術的環境の機械化が人間疎外をもたらすことを指摘した。

****―パリに本拠を置く一九三九年設立の国立研究機関。自然・人文・社会科学の各分野を合わせて二万五〇〇〇人を超える研究者を擁するが、これ自体は教育機関ではないため、所属学生は存在しない。

の地位を得ていた歴史学者や社会哲学者、経済学者にはほとんど太刀打ちできなかったのだ。

その後、社会学者の数は劇的に増加した――すなわち一九七八年には、大学などの教員＝研究者が三〇〇名に、国立科学研究センターの社会学者は一四八名、そして任期制で働く社会学者が約六〇〇名となった（Dubar 2002）。社会学科の学生は、一九六〇年代の終わりには、社会学に未来があり、社会学によって仕事に就くこともできる、と信じるに足る理由があったわけである。

社会学の有用性へのこのような信仰は、社会学が古いイデオロギーとの戦いに関わっているという感覚からも生じていた。ド・ゴール主義*は、経済と行政に関しては近代化を促進したが、「慣習」に関わる部分についてはどこまでいっても保守的なままだった――社会よりも国家を重視し、フランス人よりフランスという国家を愛するものだった。これと対立する陣営の共産党は、社会学をアメリカから来た「ブルジョワ科学」とみなして拒否した――公式マルクス主義にもとづいて、共産党は、現実社会のさまざまな法則性や歴史のもつさまざまな意味に関する重要な手がかりを自分たちが所有していると考え、そしてかなり多くの知識人がその種の紋切型の言葉と歩みを共にしたのである。

社会学者は、自分たちの科学が、近代性、社会批判、民主主義への呼びかけとして広く認知されるようになればなるほど、その有用性を信じることができるようになっていった。他方、非民主的な国々では、社会学はまったく禁止されていたか、あるいは公式イデオロギーに還元されていた。当時の学生たち——私も含め——には、ある意味で、社会学は、ド・ゴール主義と共産主義のあいだでいわば現実の政治が分裂するような時代に、政治的な事柄をおこなう新しいやり方なのだと考えることができた。そして、そのように考える学生が増加することで、社会学が有用かつ重要なものであるという印象はさらに強化されていったのである。

もちろん、以上の描写は、一九六〇年代半ばの状況を正確に書きあらわしたものというよりは、むしろ社会的な雰囲気をおおまかに呼び起こすためのものである。社会学者たち

＊——対独レジスタンスの英雄で、一九五九年から六九年までフランス大統領を務めたシャルル・ド・ゴールの思想と行動を基盤にしたフランスの保守派政治イデオロギー。

は互いに意見の一致をみるには程遠い状態にあったし、またその学問的な正当性もいまだもろいものであった。とはいえ、社会学者にとって、そしてとにかくその仕事を切望する者にとっては、自分たちの科学が役に立つものであることは自明のことだったのである。

社会学の有用性についての三つの考え方

一九七〇年代に入り、社会学は大学や国立科学研究センターにしっかりと根を下ろし、社会科学の中等教育教員免状（CAPES）と教授資格も創設されるようになった。だが、この学問の有用性については、かなり意見が分かれることになる。理論の対立、研究スタイルの対立、学派の対立とは別に、社会学の有用性に関する三つの主要な考え方を導き出すことができるだろう。

一九六八年五月革命*のあと、大半の社会学者は、当時の知的感性を支配していた社会批判的で「革命的」な雰囲気に完全に魅了されていた。そのような社会学者たちにとって、社会学とは何よりもまず資本主義による支配のメカニズムをさらけ出し、あらゆる権力の形態を、理性や啓蒙の名の下で先験的に自由に訴えるような権力も含め、暴露するものでなければならなかった。

このような知的感性は、明らかにとても雑多な要素から成り立っていた。マルクス主義者は、その中で良い位置を占めていた。あるマルクス主義者たちは、しばしばルイ・アルチュセール[**]から影響を受けて、教育や文化や都市などに重くのしかかる階級支配を糾弾していた。ミシェル・フーコーに近い者たちは、さまざまな制度に攻撃を加え、そうすることで権力のメカニズムを明るみに出した。最後に、ピエール・ブルデュー[***]の影響を受けた者たちは、より古典的な社会学にもとづいて、個人の行為のまさにただ中に巣食う支配の

＊――パリ大学ナンテール校などでの学生の抗議行動に端を発し、フランス全土に広がった学生・労働者による運動。古い価値観の打破という象徴的意味あいも強かった。

＊＊――Louis Althusser. 一九一八―一九九〇。フランスの哲学者、経済学者。構造主義的なマルクス主義理論を打ち立て、五〇―六〇年代のフランス思想界に多大な影響を及ぼした。

＊＊＊――Pierre Bourdieu. 一九三〇―二〇〇二。現代フランスを代表する社会学者の一人。ハビトゥス概念等を用いて差異化や再生産の構造などを分析した。晩年には市場原理批判も展開した。

メカニズムを際立たせたのである。

これらの潮流のあいだに違いはあるが、いずれも社会学を社会批判的な学問として理解していた点では同じである。そこでは行為者がシステムに完全に支配されるものとしてあらわれ、そしてシステムそれ自体が支配のメカニズムとみなされた。ある人々は、とりわけブルデューとフーコーは、その支配をさらけ出すことによって、行為者が自らの行為に、時には自らの闘争にだまされにくくすることが可能であると考えた。他の人々はより直接的に、革命的なプランにひきつけられたのである。

社会学の有用性に関する社会批判的な考え方はこのように多様であるが、もちろんだからといって、その考え方から着想を得た研究すべてがその批判的なプランに還元されてしまうわけではないし、またそのような研究すべてが今日でも議論の余地のない実証的・科学的な社会学の成果とみなしうるかといえばそうでもない。とはいえ私はここで、それらの研究の科学的価値を語っているわけではない。それらの研究の中に、社会学のもつ社会的な有用性を、暴露と批判の科学として規定するようなイメージを思い起こしているのである。

他の社会学者の中には、まったく異なる仕方で社会の中枢の側に身をおく者もいた。そうした社会学者たちは、社会学が社会の合理性の水準をひきあげ、そして「良き統治」と私たちが後に名づけることになるものに関与しなければならない、とより直接的に考えた。そのような社会学は、不公平で短絡的なやり方であることがとても多かったので、「権力の走狗」と疑われることもあったが、さまざまな組織や意思決定のメカニズム、そして少し後になって公共政策と呼ばれるものについて研究していった。この場合、重要とされたのは、支配を暴露することよりも、行為者の、とくに社会生活に働きかけようと努める政治的・社会的に責任ある立場の者たちの、行為能力を弱めるようなさまざまな障害や予期せざる結果や文化的なモデルを明らかにすることであった。

社会学の有用性に関するこのような実用主義的な考え方は、たいていは、さまざまな選択が見かけほど合理的ではないか、あるいは他のやり方をするほうが合理的だということを示すべく、合理的選択理論*のモデルと結びつけられた。おそらく『行為者とシステム』(Crozier et Friedberg 1977)は、この時代における、そして社会学の役割に関する、実用的な考え方の中心的な業績だと言えるだろう。また、『産業社会における機会の不平等』

(Boudon 1973) に胚胎されていた倒錯効果についての理論も、レイモン・ブードン**は公的な議論にあまり介入しないようにいつも気を遣っていたとはいえ、教育に関する意思決定の合理性を最適化しようとする認識的なプランという性質をもっていたとみなすことができるだろう。

最後に、社会学の有用性に関する第三の考え方を見出すことができる。その考え方は、社会的行為者の形成そのものへの社会学者の介入にもとづいていた。産業社会が別のタイプの社会、すなわち脱産業社会へと一気に転換すると確信していたアラン・トゥレーヌ***(Touraine 1969, 1978) は、社会学がこの大きな変化とともに歩み、行為者の意識レベルをひきあげ、新しい社会運動の誕生を促さなければならないと主張した。そのために必要なのは、知識を獲得するという狙いと、行為者に直接、介入する能力とを結びつけることであり、そしてその土台となったのは、事物を観察し測定することだけに限られる方法ではなく、どのようにして社会的行為者自身が構築されるのかをとらえ、そして行為者や社会運動が古くなった社会のカテゴリーを通して思考するにもかかわらず、どのようにして古い世界から新しい世界が生み出されていくのかをとらえようとする方法であった。

私自身について言えば、若者の職業的なキャリアプランに関するどちらかといえば「古典的」な博士論文を書き終えた後に入れ込んだのは、この第三の社会学であった。というのも、それが最も直接的な意味で役に立つものであり、現実の社会と政治に最も影響を及ぼしうるものだと思えたからである（Touraine, Dubet, Hegedus, Wieviorka 1978, 1980, 1981; Touraine, Dubet, Strzelecki, Wieviorka 1982; Touraine, Wieviorka, Dubet 1984）。

なぜ私は、自分の職業のその後を決めるそのような選択をおこなったのだろうか。そこにはおそらく一つの出会い、トゥレーヌとの出会いがあった。彼は私に、社会学が学問的訓練とは違うものになりえるということを、そして現実社会で最も熱い議論がなされてい

＊——各個人は自分の振る舞いを合理的に選択しているという前提に立ちつつ、社会のさまざまな現象を説明しようとする理論。

＊＊——Raymond Boudon. 一九三四—二〇一三。現代フランスを代表する社会学者の一人。数理社会学やブルデューとの機会の不平等をめぐる議論で有名。

＊＊＊——Alain Touraine. 一九二五—。現代フランスを代表する社会学者の一人。五〇—六〇年代は労働社会学者として有名であったが、五月革命を契機に脱産業社会論や新しい社会運動論を提唱。世界的に影響を与えた。

る場に社会学が介入しなければならないということを印象づけてくれた。もっと直截な言い方をすれば、私はこれでもう心配しなくてよいと確信したのである。イデオロギー的で政治的なレトリックと、自分が実社会で見たと思うものとのあいだで、絶えず感じていたズレを私は小さくしたかったのだろう。

それに私は、社会批判的な社会学にも、ある種の不快感を抱いていた。それらが批判的だったからではない。むしろ批判的であること自体は良かったのであり、そうではなくて、少し息苦しく感じられたからである――批判的な社会学が示すさまざまな結論は、すでにその前提の中に含まれていたし、とりわけその社会学は、行為者を社会構造のたんなる支え手にすぎないものとみなしていたので、私は自分のためにも他の人のためにもそれを受け入れなかった。

最後に、合理的な行為に関する社会学は、この世界をあるがままに受け入れる方向にあまりにも傾きすぎているように、私には思われた。そのやや「冷笑的な態度」、「従順さ」、穏健な改良主義は、当時、私が吸っていた空気とはかなりかけ離れたものだったのである。

社会学の有用性あるいは役割に関する以上の三つの主要な考え方――批判、合理性、の発展、介入――の区分はとても図式的で、また「事後的に再構成された」ものであるから、その区分が一九七〇年代フランスの社会学をリアルに描写すると考えてはならない。それぞれの「陣営」は非常に混ざりあっていた――すでに紹介した「著名人」たちの関係性を尻目に、大半の社会学者は、若いか若くないかにかかわらず、いくつかの軸のあいだを行き来していた。原理で対立しあっても、方法に関する潜在的な合意が形成されることは十分にありえる。左派の社会学、右派の社会学、「予言的」な社会学を対立させるような亀裂があったなどというのはたんに大げさな描写でしかない。当時、すでに大義と党派の知的・組織的な代弁者といったモデルは、今は忘れられたいくつかの例外は別として、もはや通用しなくなっていたのだから、やはりお粗末でひどい描き方だ。互いの著作を読んだり、親しい間柄になったり、褒めあったりということは、私が先ほど人為的に描いた境界を、簡単に乗り越える形でおこなわれていたのだ。

その一方で、概略した三つの社会学の有用性に関する類型は、四〇年前とはずいぶん変わってしまった学派にもとづく区別よりも、確かなものであるように思われる。ただ、社会学の有用性に関するこのようなモデルは、ある程度、抽象的な「類型」であるから、実際にはほとんどの社会学者が、研究環境や研究計画や感性、そして研究上の政治的・社会的文脈に応じて、それらの類型のあいだを行き来していたということははっきりと認識しておくべきである。同じ一人の社会学者が、あるときは一部の人しか関心をもたないような緻密で学問的な研究をおこないながら、別の機会には、公の場でのさまざまな論争に関与すべく書籍や記事を著すということは可能なのである。

社会学の有用性に関するこれらの類型は、時には社会学的スタイルの区別（Boudon 2002; Burawoy 2005）を連想させるかもしれない。だが、有用性に関する類型を、学問的スタイルの区別と混同することはできない。たとえば、社会批判的な類型には、かなり異なる社会学的なスタイル――つまり、ブードンなら「カメラ的」だと言うであろう記述的な研究と、デュルケームの『自殺論』のような統計的分析と、厳密に理論的な研究など――が同居している。そもそも社会学が役立つ際の類型は、社会学をおこなうさまざまなスタイルから直接もたらされるものではないのだ。もしも科学的な成果と、その成果にもとづく実社会への働きかけ方とのあいだにそのような隔たりがなくなってしまえば、社会学は、政治的な介入の一形態やイデオロギーでしかなくなってしまうだろう。

さまざまな社会学的研究は、その有用性や社会的な影響力から独立した科学的価値をもつこともあればもたないこともある。また反対に、社会学は、研究スタイルとは無関係に、そしてしばしば社会学の有用性についての考え方も直接、重要性をもつこともなしに、公の議論、つまり科学と政治が混ざりあうような論争に関与することもできるのだ。

以上の考察がとりわけよく当てはまるのは、教養ある大衆のあいだで社会科学が高く評価されていた一九六〇、七〇年代である。当時は、最も評価の高い知識人の列に社会学者もいく人か加わっていた。またその時代の最も硬派で時には最も地味な社会科学の書籍の印刷・販売部数の多さも、社会学がそれほど世の関心をひいたわけであるから、役に立っていたということを十分示してくれる。

実際、社会学が自らの社会的有用性を決めるというよりも、社会が社会学の社会的有用性を決めるのである。その時代の社会学が有した社会的な影響力について理解しようとすれば、社会学の主要な概念が当時、どれほど日常用語として用いられていたのかをみれば十分であろう。最も見識のある経営者やリーダーたちは、「障壁」や「不確実性領域」といった概念とともにミシェル・クロジェの用語を語り、また「倒錯効果」という概念とともにブードンの用語について語っていた――ブルデューの「ハビトゥス」や「象徴的暴力」、「ディスタンクシオン」などの用語も、教員組合の活動家や文化批評家、広告業界にとってはもはや秘密の事柄ではなくなっていた。もちろん、社会学者は自らの科学的成果がそのように利用されることを制約しなかったわけだが、社会学の用語や論証の仕方がこのようによく知られていたということは、社会学が社会の一定の「需要」に応えていたことを示しているのである。

専門性

仮に一九八〇年代以後の社会学の発展にもとづいて判断するのであれば、社会学はますます役に立つものになっているようにみえる。大学都市のほとんどで社会学の学科棟や研究室が開設され、さまざまな研究機関も発展し、社会学者は主要な行政組織に、時には企業にも雇われるようになっている。社会紛争や郊外地区、恋愛行動などに関わる「社会の課題」がさまざまなメディアで話題になるときには、決まって社会学者の姿を目にしたり、その声を聞いたりするようにもなっている。もはや社会学者は、いく人かの輝かしい個人に還元されてしまうような「周辺的」な存在ではないし、学問的にも確立されてきている。四人に一人の高校生が、社会学の基礎を学び、二〇一〇年の新学年からは全員がその初歩について手ほどきを受けるようになった。

社会学者のこのような専門職化と社会学者自体の増加は、よくあるように専門領域の分化の進展と結びついている。社会学の専門職に就くために、若い社会学者たちも特定領域の専門家になることに心を惹かれるようになる。一人の研究者が一つの研究対象に一生涯を捧げ、その対象に関する国内外のスペシャリストたちのネットワークの中に身をおき、その対象向けの学術雑誌に論文を発表し、そうすることでその対象の超専門家になり、しばしばその「所有者」にさえなってしまうということも起こっている。

次第に、社会学は古典的な主要テーマ（労働、社会運動、社会階級、組織、教育、家族、宗教）のほかに、新たに出現している社会問題に関する一種の科学としても成立するようになっている――すなわち郊外、移民、マイノリティ、公共政策、メディア、退職者、環境、科学、技術、健康などである。これらのテーマはさらに細かな専門領域に分けられており、それは五〇年間に専門領域が二〇から一〇〇近くに増加した医学の世界と少し似ている。フランス社会学会は今日、一〇〇〇人を超える会員を抱え、何十というテーマ部会を擁するようになっている。

このような専門領域の分化の進展は、同業者やそこに参入したいと願う人々が増えることで生じるある種の自然法則によるものだけではない。その進展はまた、専門性への需要の高まりにも対応している。一九八〇年代半ば以降の脱中央集権化と政策決定の場の増加にともない、さまざまな公共政策を評価することが一般化し、それぞれの改革プランで予備調査が必要とされるようになった。そして、それぞれの政策には――あまり頻繁ではないとしても――その効果の測定がともなうようになった。それゆえ、専門性にもとづく社会学の有用性は、幅広く認められるようになっている。そして、かなり多くの若い社会学者は、その流れに乗じて「キャリアを開始し」、しばしば、研究助成の恩恵にあずかるようになった。あるいはまた、博士論文の一部が団体・企業・行政の中で準備され、さらに直接的に役に立つような内容でなければならないという（これらは「研究による職業教育の産業協定」（ＣＩＦＲＥ）の博士研究奨励金の原則である）、条件の厳しい博士課程奨学金も享受することができるようになっている。

こうした専門性の発展は、しばしば一種の科学的な自律性の放棄として、つまり研究者が真実よりも組織に「奉仕」している状態としてとらえられている。このような疑念には私も困ってしまうが、生計のために他に選択肢のない者が専門性を高めようとしているのに、大学や巨大な研究機構が与えてくれる自由を享受している社会学者がその専門性をあまり尊重しない状況には、やや不愉快なものがあると言わねばなるまい。社会学の有用性をアピールしながら、組織の責任者や成員たちから意思決定上の疑問の解明を求められたときには、そのような有用性を非難するのは奇妙なことではないだろうか。加えて、さまざまな意思決定がたった一つの専門性にもとづいていることなどめったにないのだから、不安になる必要はない。

より根本的なことを言えば、学者と専門家、純粋な研究と応用的な研究といった区分は、専門的実践の現実を描いていないだけでなく、社会学業界内部の区別を誇張する役割も果たしてしまっているのである。大部分の社会学者は、学問的正当性を授けてくれる一般社会学と、専門職上のネットワークや研究助成、ある程度安定した職業への道を開いてくれる専門領域化された社会学との両方に同時に関わっている。「純粋な」研究者として自己呈示する人々に最も尊敬の念が集まるのは事実であるとしても、大多数の、少なくとも多数派の社会学者が何よりもまず一つの対象、一つの問題、一つの専門性に熟達した専門家だということは十分ありえるのである。

それゆえ私には、今現在、社会学が役に立っており、しかもいろいろなかたちで役に立っているように思える。社会学は、社会批判をおこなうときに、つまり社会がそう信じられているものとは異なることを明らかにするときに役に立っている。社会学は、助言をおこなうときにも役に立っている。社会学は、「純粋」な知識や実践的な専門知識を生み出すときにも役に立つ。とりわけ、それらの活動すべてがある程度オープンで公の議論に関与するときに、社会学は役に立っているのである。

社会学によって社会がより良いものになるかどうかは定かではない。しかし、もし社会学が社会自身についてのある程度、本当らしいイメージを、そしてたいていの場合、あまり好意的ではないイメージを、社会に提供することをやめてしまうなら、社会は間違いなく現状よりひどいものになってしまうだろう。

2

社会学への疑いの目と社会学の弱さ

社会学への非難は何にもとづくのか、科学かそれともイデオロギーか

正当性と不信

多元主義から拡散へ、社会学の紛れもない政治的な弱さ

今日、豊かで、ある程度民主的な国のほとんどで、以前ほど社会学に疑いの目は向けられなくなっている。中国やインドのように、「小国」ではないが社会学が脆弱であったかほぼ存在しなかったような国々においては、むしろ新たに社会学が生まれ発展してきている。国際社会学会もますます国際的になってきた。ラテンアメリカでは社会学はずっと以前から活発で活動的だったし、アフリカでも社会学が消えてしまうことはない。さらにア

ジアと旧共産主義諸国では明らかに発展してきている。

社会学の初歩はソーシャルワーカーに、時には医者や法律家、ジャーナリストにも教えられている。フランスでは、『人文科学』という雑誌――学術的な雑誌ではないが非常によくできている――が路上や駅のキオスクで売られている。いったい誰がこのような「きわめて専門的」で、非常にとっつきにくい雑誌が大衆読者の心を打つなどと信じただろう。

もちろん、社会学が世界中で最も発展している国々でも、万事がうまくいっているわけではない――社会学科が大学で最も力をもっているわけではなく、社会学者に割り当てられる研究予算はいつも要求水準に満たないし、社会学に関する著作物の印刷部数は、歴史学者や哲学者、そして最も堅い心理学者の著作物と同じように、相対的にみればわずかなものである。より安定していて報酬も多い職業を提供してくれる学問分野を選ぶような学生の目からみれば、社会学はあまり魅力的ではないだろうと心配する人もいるかもしれない。さらに養成課程の修了を控えた者からすれば、社会学者としての安定的な雇用への道はますます不確かなものになっている。その点のほうが、ここでは最も危険なことかもしれない。

それゆえ社会学の現状についてのさまざまな判断は、細かな違いに配慮しておこなわなければならない。かつては社会学が「科学の女王」でなければならないと考えられたこともあった。だが、そう言われていた時代より、社会学の状況が悪くなっているわけではない。少なくとも、「隣接する」諸学問より悪くなっているわけではない。社会学は自らすすんで危機的状態にあるという物語に入り込もうとするが、それは他の多くの学問もそうであるし、家族や学校、教会を含むいくつかの制度も、そしてたいていは文化の世界も同じである。

社会学における「黄金の時代」、学問の創始者たちとその後を継ぐ偉大な社会学者たちの時代というものが、もしかしたらあったのかもしれない。社会学が社会に対する影響力を本当にもったような時代もあったのかもしれない。研究の自由が純粋に保障されたような時代もひょっとしたらあったかもしれない。また教える立場からいえば、優秀な学生たちがみな輝かしい使命感を抱いていたような時代もかつてはあったのかもしれない。

いつも驚かされるのは、他の世界においてよくみられる危機の物語や表現に、私の属する専門業界の人々が屈してしまうことである。「かつて」もすべての社会学者が才能にあふれていたわけではない。それはすべての音楽家がそうではないのと同じである。またこの七〇年間に出版されたすべての本が傑作であったというわけでもない――実際はそれには程遠い。すべての研究機関が創造的であったわけでもない。ただ時間が過ぎ去ってしまったことで人々は、抜きん出て、時の摩耗に耐えたようなもの以外は忘れてしまい、その結果、すべて自分たちのイメージ通りだ、と考えるようになっているだけなのである。

そうして、時の摩耗に耐えてのこった社会学者たちは偉人となっていき、それにつれて最もアカデミックな社会学が、ますますその人々の業績を黄金時代の証しだと解説することを繰り返すようになっていく。すなわち、すべて過去の偉大な社会学者がすでに言っていたことばかりだ、しかももっと上手に、と。なるほど確かに「学問の創始者たち」の本を繰り返し読むことは必要であろう。だが、もちろんそれは退廃の気分を味わうためではないはずである。

社会学は今も昔も同じ敵から、つまり現実社会の表象を独占しようと争うのが好きな人々すべてから疑いの目を向けられている。少し考えればそれも無理はないことで、社会学は、ある種の露骨なリアリズムや相対主義、冷笑的な態度、そして人々の語ることを信じようとしない姿勢によって、現実社会の粉飾を引き裂いてしまうからである。それゆえ、社会学をとても「瑣末」なものと考えている哲学者が今でも少しはいる。経済学が社会現象の全体を説明するものではないということが証明されてしまうのを、快く思わない経済学者もいる。人々の行動が、何よりもまずその人格や来歴によって、とりわけ個人の内的特性によって説明されると信じている心理学者は今でもいるのである。

しかし、問題となる争いはもう少し限定されていて、真正面から社会学が非難を受けているとは思えない。確かに社会学がおこなう説明に対して、それと競合するようなさまざまな説明が存在するのは事実である。しかしだからといって、科学の世界の内部で、すなわちさまざまな学問が同じ「現実の」対象をそれぞれ把握したり定義しなおしたりするのが当たり前の世界の内部で、社会学が疑われているわけではない。たとえば、学業上の挫折について、統計的分布を調べている社会学者と、学習の心理＝認知的メカニズムを理解しようとする心理学者とが、おおっぴらに喧嘩をすることなどありえない。研究の世界では、隣りあう学問同士が、ある程度無関心であるほうが、攻撃しあうよりもずっと普通のことである。社会学に向けられるさまざまな疑念が、厳密な意味で科学的な手続きにもとづくものであることはないのだ。

社会学に対するさまざまな批判は、科学的というよりも政治的な次元で繰り広げられているのである——つまり問われているのは、社会学が何の役に立つのかということであり、そして何かに役立っているような場合には、その役割が社会にとって否定的なものではないか、ということなのだ。

学業上の挫折に関する研究の例に戻ってみよう。仮にその挫折を、個々の心理学的な諸要因から説明することには異論がなかったとしても、挫折をそのメカニズムだけに還元してしまうことには大いに議論の余地があるだろう。なぜなら、恵まれない集団に属する子どものほうが、他の子どもよりも挫折しやすい傾向にあるということを社会学者は証明してきたからである。心理学的な説明しか受け入れないような政府は、挫折の責任を個人に負わせ、そして早期の能力診断と特別な教育プログラムを考案していくだろう。しかし、社会学的な分析が提案するような、学業機会を提供する上での不平等の縮小に取り組もうとは考えないだろう。一方、社会学的な説明だけを受け入れるような政府は、構造的なものだけに働きかけるだろう。そして、統計上の平均値が諸個人のさまざまな分布を覆い隠してしまうということはなおざりにするかもしれない――つまり、少女たちが平均的にみて少年たちよりも学校の成績が良いという事実があるからといって、すべての少女がすべての少年よりも、少女一人一人が少年一人一人よりも、成績が良いということを意味するわけではないということがなおざりにされるかもしれない。それぞれの分析は異なる政策を導く、あるいは想い起こさせる。それゆえ各政策の現実的あるいは想定上の社会的な効果を理由として、それぞれの分析に疑いの目が向けられることになるわけである。

そこでは、科学的な競争、ということも政治的・イデオロギー的な争いを覆い隠すものとなる。社会学と経済学は同じ社会問題に対してまったく対照的な社会的・政治的対応策を求めるので、そのあいだで――実際にはある分野の社会学とある分野の経済学のあいだで、であるが――影響力をめぐる競合関係はよりいっそう激しくなるのである。

もしも今日、社会学に疑いの目が向けられているとすれば、それは、「軟弱な科学」といった認識論的な地位を理由とするよりも、むしろ「社会的なものを社会的なものによって説明し」、保守的な勢力や近年の保守的かつ「超リベラル」な勢力が気に入らないような対応や解決策を導き出してしまう傾向をもっていることを理由としているのだ。保守的な勢力は、個人の行動がその個人だけに、その個人の理性、良心、道徳、利害関心だけにもとづいていて、社会構造とはまったく関係がないと考えている、あるいはそのほうが得なのでそう主張しているのである。

一般的に保守的な政府は、個人を「構造の中に取り込む」ために、かなり権威主義的で伝統的な社会道徳を守ろうとするし、また一人一人を解放して公正で調和のとれた秩序を生み出すと信じられている自由市場の拡大も擁護する。この場合には、当然ながら社会学は、その最も功利主義的なバージョンは別として、邪魔ものになってしまう。それゆえ社会学以外の学問による、現実社会に関する説明のほうが成功を収める機会にいっそう恵まれることになるだろう。

だが、そのような新保守主義的な根拠とは完全に対立するような根拠にもとづいて、自分が世界を解釈する鍵を握っていると考える知識人や活動家もまた、社会学に対して疑いの目を向けている。もしもすべてが資本主義やグローバル化の法則によって説明されてしまったり、指導者の邪悪で圧倒的な権力によって、あるいはジェンダーや階級や「人種」に関する固定観念がもつ全能の権力によって説明されてしまったりするのであれば、社会学は、その最も社会批判的なバージョンは別として、支持を得る機会をほとんどもちえないだろう。社会学が公の議論に関わりつづけるためには、〔保守的な〕『フィガロ・マガジン』誌と〔社会批判的な〕『ル・モンド・ディプロマティーク』誌の論調のあいだにあるような知的空間が存在しなければならない。それゆえ、私は、いよいよ社会学を求める空気が希薄になっているのではないかと心配しているわけである。

まとめよう――まず社会学は、そう信じられているほど「危機的な状況」にあるわけではないということ、そしてライバルとなる諸学問は社会学を、文字通りの科学的な理由よりも、むしろイデオロギー的、政治的な理由にもとづいて攻撃しているということである。つまり社会学に疑いの目が向けられているのは、社会学の現実的な弱さのためなのだ。フランスの社会学者集団の一員である以上、私に社会学の現実的な弱さを指摘することは容易だが、同時に利益絡みの不公平さや、一貫していないことの不誠実さを疑われずにそうすることは難しい。

社会学における誤った論争

社会学に疑いの目が向けられるとすれば、それは社会学が多元的だからであろう。社会学には、自然科学における一つの主導的な理論のようなものはなく、また経済学などいくつかの社会科学における一つの支配的な理論－方法論のまとまりのようなものも存在しない。社会学が自らの多元主義をそのまま受け入れるような対処をしてしまっていることは、社会学を明らかに弱体化させているのだ。

社会学に疑いの目を向ける人々は、科学に対して極端に肯定的な考えを抱いていることが多い。仮に実験室であれば、科学者はみな同じで、みな多少なりともポパー主義者*だとみなせる――すなわち仮説とは反証可能なものであり、そして方法とは仮説を検証し、反

*――Karl Raimund Popper. 一九〇二―一九九四。オーストリア出身のイギリスの科学哲学者。科学の原理として反証可能性を提唱した。

証されるまでは正しいとされるようなさまざまな結果を生み出せるものだとされる。この観点に立つなら、社会学が存続できる可能性はほぼなくなってしまうだろう。

それゆえジャン＝クロード・パスロン*（1991）がうまく示したように、社会学はポパー的な意味での科学ではなく、歴史学や人類学のような一つの学問なのである。歴史学や人類学が、科学的な地位に関して社会学ほど非難を受けないのは、おそらく、より時間的あるいは空間的に隔たりのある行為者を対象としているためだろう。社会学でも、現実的な研究から最も遠い社会学者たちが、科学に関心を抱く範囲でしばしば擁護する科学観は、自分たちは科学を実践するよりも科学自身に代わって科学を解説しているのだといった高尚な、高慢でさえあるような科学観である。

ジャン＝ミシェル・ベルトロ**（1992）が述べたように、社会学は多元的であり、複数のパラダイムを、つまりそれぞれ社会的なものの性質に関する独自の考え方を土台とし、また固有の方法を必要とするような主題を、複数含んでいるのである。ウェーバーがデュルケームよりも科学的ではない、社会学者として劣っているなどと言う人はいないし、その逆もまた然りである。両者の強みは、完全に反証可能ではないにしても、十分真実に近いとされるような、強固な仮説体系をつくり上げたことにある。

それは歴史学においても社会学と同じであって、フランス革命についてのいかなる歴史も決定版ということはない――つまり想像力に富んだ歴史家であれば、つねに新たな疑問を呈することができるし、また新しい事実を、つまり新たな歴史資料をよりどころにして、他人が仮説の立証の難しさや他の資料との矛盾を理由に、異議を唱えるような証明を組み立てることもできるのだ。このような論じ方とまったく異なるのが、今も重苦しい基準でありつづけている理想的な厳密科学というものであり、それを理想とする人々が科学の限界や試行錯誤を過小評価する分だけ、いっそう重苦しいものとなっている。ただし、パラダイムや方法の多様性によって、私たちが厳密な意味での相対主義に導かれてしまうようなことはあってはならない――他にくらべてより強固で、より真実に近い知識は存在する

*――Jean-Claude Passeron. 一九三〇―。フランスの社会学者。ブルデューとの共同研究がいくつかある。

**――Jean-Michel Berthelot. 一九四五―二〇〇六。フランスの社会学者、哲学者。人間行動の説明に関するタイプ分けをおこなった。

からである。

しかしながら、社会学の理論的、方法論的な多元主義によって、この学問の「魅力」の一つで、不運にも若い学生の教育における通過儀礼の一つともなっている、誤った論争が引き起こされてしまうときには、社会学は弱い立場におかれてしまう。

それはまず、ホーリスム〔全体論主義〕対個人主義の論争である。仮にまだこのテーマについて発表を課されていない社会学の学生がいたとしても、今後も発表を免れる可能性はほぼないだろう。ホーリスムの立場では構造こそすべてであって、個人はなきに等しいということになってしまう。まじめな社会学者なら、誰一人としてこのような立場を擁護したことはない。とりわけ、ホーリスムを体現しているとみなされているデュルケームも、個人は近代社会の「神」であり、個人の自律のために社会化がなされるのだと主張しているのであって、ホーリスムの立場を決して擁護したことはなかった。

個人主義の側では、立場はいっそう奇妙なものなる——すでにそこにできあがっている個人、つまり完全につくり上げられ、社会の中で理性だけを武器に行動するような個人、という理念を擁護できる社会学者が一体どこにいるだろうか。もちろん、問題になっているのは、「方法論的」ホーリスムと「方法論的」個人主義であると言うのだろう。だが、それがなおさら私には理解しづらいことだ。というのも、たとえ社会構造や社会的制約、文化モデルが行為に先行し、行為を条件づけているとしても、その行為がそれらの構造や状況を生み出し、再生産し、批判し、変容させていることは誰でも知っているからだ。結局、この論争の二つの対立項は、いずれも互いのことを考えていないのである。それでもやはりどちらかを選ぶよう強いられているかのように私たちは、考えさせられつづけているのだ。

つぎは、客観的なもの対主観的なものの論争である。ディルタイ*以降、人間科学は一つの難題——社会的行為者は主観的に行動しているので、その行動や表象は説明されるよりもむしろ理解されねばならない——にぶつかったと言われる。同じ頃、実証主義的な潮流は、人間科学も、科学でありたいと望むなら他と異なるわけではないのだから、行動を理

*——Wilhelm Dilthey. 一八三三—一九一一。ドイツの哲学者。体験・表現・了解を基礎とする解釈学を提唱した。

解するよりもむしろ、行動を原因と結果の生成から説明しなくてはいけない、と主張した。以上が一九世紀末に組み立てられた論争の舞台であった。そこに登場したのは、統計好きで真の科学の名のもとに「説明」したいと望む社会学者と、インタビューや解釈学が好きで行動の主観的意図の名のもとに「理解」したいと望む社会学者とであった。

　両者の論争に魅力がないわけではない。だが、どのようにして文化的な文脈や社会的な制約から主観性が生み出されるのかを明らかにするような、また同時に、どのようにして行為者が世界を解釈し行動するか、そして行為者が社会的な制約に決してそのまま合致するわけではないことも明らかにするような、理解的で同時に説明的でもあるような最良の経験的研究にもとづく観察に抵抗することはできないだろう。たとえば社会的地位と態度とのあいだのさまざまな相関関係は、動機に関する暗黙の理論に、多少とも明示的に頼らなければ意味をもちえないということを改めて思い起こす必要はないだろう。† また反対に、個人が行動する社会的世界が、自分向けに用意されたわけではない客観的な世界であるということや、行為者がホモ・エコノミクスのように合理的に行動するためには自分のパートナーや競争相手と同じ言語を話さなくてはいけないということも、改めて思い起こす必要はない。

流行《はやり》の論争の最後は、社会的事実があたかも自然の事物と同じような本物の事物、つまり「現実」であることを素朴に信じる「実証主義的」社会学に、「構築主義」を対立させるものである。たいてい構築主義は、その好例と言える『宗教生活の原初形態』を記したデュルケーム自身も含め、誰も擁護していないようなテーゼを攻撃している。もちろん、さまざまな「事物」がどのようにして、社会的悟性にもとづくカテゴリーやそこにあらわ

†――魚の消費とピエール・ブーレーズ〔フランスの作曲家・指揮者〕の音楽を愛好することのあいだに、はっきりとした統計的な相関関係が観察されたと仮定してみよう。因果的な説明であれば、魚を食べることと聴覚とのつながり、あるいはその聴覚が味覚野に与えるさまざまな効果間の結びつきを探し求めるだろう――最後には魚の細胞と聴覚細胞の関連を研究するかもしれない。また動機に関する理論であれば、魚を食べることと結びつく禁欲的な嗜好と、音楽とくにピエール・ブーレーズの曲への同じく禁欲的な嗜好との間に、類似性が存在しないかと自問するだろう。そしてこれら二つの動機のタイプを、同じ社会的カテゴリーが結びつけていることさえ証明できるかもしれない。数多くの疫学的な研究が、より直接に因果的で、それゆえより科学的だという理由で、前者のタイプの説明を選んでいることを考えれば、ここに挙げた例はそれほど馬鹿げたものではないのだ。

れる利害の対立から構築されているのかを示す必要はあるだろう。だが、それらの「事物それ自体」は、それでもやはり強固なものであり、人間の意志に強く抵抗するということを忘れてはいけない――たとえばさまざまな宗教や法体系は構築されるものだが、本物の実践を生み出すわけであるから本当に存在しているのである。

現実社会のさまざまなカテゴリーが構築されている、と述べた後には、それらのカテゴリーの働きを実証的に分析する作業が残っている――私はさまざまな統計や歴史資料、インタビューその他のデータを批判的に検討するし、それらの素材自体が構築されたものであることもよく知っているが、科学一般と同じく人間科学においても他に選択肢はないのだから、私はそれらを利用することになる。結局は誰もがやっているように、それらのデータを真面目に受け止めて用いていくことになるというのに、どれほど多くの研究が使用可能なデータをあらかじめ脱構築するような手間のかかる前提作業を読者に強いてきたことだろう。

以上の論争は、他にもいくつかの論争は存在しているが、すべて社会学を何かまわりくどいものにするだけの取るに足らないものであり、時に馬鹿げたものでしかない。科学的な文化を発展させ、認識論的な明快さを強化するという口実のもとで、学生たちはその意味のない論争に、どのような研究実践がそこに示されているのかを理解できないだけにいっそう無意味なその論争に、参加させられることになるのだ。

博士論文や学術論文の多くは、長い序文や長い「認識論的」な注釈から始まるが、そのような学問的な補足はしばしば博士論文や学術論文の中身とは何ら関わりがないだけに、読者をがっかりさせる。社会学は小説ではないし、読者をひきつけることや「本物らしくみせる」ことがその使命ではないかもしれない。だが、かなり説得力のある論証であっても、何の裏付けもなく読むに堪えないようなものになっていれば、また研究者が自分だけの語彙を編み出す義務があると思っているとしかみえないものであるならば、合理的に考えて疑いの目で見られても仕方ないだろう。こうした慣行のもつ危険性は明らかであろう――その用心深い文化を前にして読者が読む気を失ってしまうか、あるいはその慣行が、ずっと以前から社会学がすでに明らかにしてきたことを伝えるための新しい「粋な」やり方でしかないことを読者が発見してしまうかである。読者は「結局、ぜんぶそのためか！」と言いたくなるだろう。

社会学を近づきにくいものにするこのようなやり方は、おそらくは科学的な非正当性に関する心の奥底にある感覚に由来するのだろう。人は科学をおこなっていると確信できないときに、科学やさまざまな方法についての考察を開陳して見せるものだ。もちろん、私は社会学の文体がかならず単純化されるべきだとも、みんなが直接アクセスできるものでなければならないとも思ってはいない——複雑な表現や、テクニカルな方法・語彙の習得を前提とするような複雑な論証は、確かに存在している。だが、フランス人に限ってみても、トクヴィルやデュルケーム、アルヴァクス、アロン、クロジェ、トゥレーヌ、そのほか多くの社会学者は、自分の文体を、文章を理解する上での妨げになるようにはしなかった。

仮に社会学に対する疑念のいくつかが、このディアフォワリュス*的な文体とでもいうべきものへの疑念として説明できるとしても、その反対のリスクが低減するというわけでもない。すなわち社会学がある程度優れた証言録のようなものになってしまうときにも、また「結局、ぜんぶそのためか！」と言われることになるのだ。そして社会学者の業界が、ジャーナリストのスタイルとの違いを強調したいと望むとすれば、それは証言録といった次元ではいく人かのジャーナリストのほうが優れているからである。

ある時期の学校の雰囲気を描き出すとなれば、エルヴェ・アモンとパトリック・ロトマン**の『先生がいるかぎり』（1984）に並ぶものはない。もし無資格に近く不安定雇用に陥る運命にある女性たちの経験について説明しなければならないのなら、フローレンス・オーブナ***（Aubenas 2010）ほどうまくできるような社会学者はいない。社会学が、行為者が自分でうまく述べられることを、語り直すことしかしないようなときには、社会学の社会的・政治的な有用性が世に認められる可能性はほとんどなくなってしまうだろう。

理論的・方法論的な多元主義は、それ自体は強みでも弱みでもない。それは、社会学の

*――モリエールの戯曲『病は気から』（Le Malade imaginaire, 1673）に登場する、でたらめな診察をして滑稽に描かれる医師の名前。

**――アモン（Hervé Hamon. 一九四六―）、ロトマン（Patrick Rotman. 一九四九―）ともに、フランスのドキュメンタリー作家。

***――Florence Aubenas. 一九六一―。自らパートタイムの清掃人となった体験を著したルポルタージュ Le quai de Ouistreham（2010）がフランスで話題になった。

性質そのものの中にあるのであり、各自がそれを擁護する必要がある。しかしそのきっぱりとした物わかりのよい主張をいったん掲げてしまうと、さまざまな問題があらわれてくる。というのも本来的に多元主義的な学問であっても、ある程度の一体性を主張するためには、自らを規制し管理する能力を有していなければならないからである。

この三〇年で社会学者の数が大幅に増えたために、そして社会的な需要が多様化しているために、この学問の自己組織化はそれほどうまくいかなくなっている。その大部分がパリに住む人々で、国立科学研究センターとソルボンヌと社会科学高等研究院のあいだを行き来した「官僚的インテリたち」に限られていた社会学の世界は、今や多数の研究チームや学科に取って代わられている。このような拡散は今やどこでもみられるものになっている。あれこれいろいろな場所で教育を受けた学生たちは、しばしば自分たちのところ以外でなされていることをまったく無視してしまう可能性がある――ここではブルデューのことしか学ばない、あちらでは統計だけ、別の場所ではどちらでもなく、さらに別の場所では「ミクロ」社会学だけ、その隣では「マクロ」だけ……というように。また読者数の増加よりも出版媒体の増加のほうが急なので、それぞれが自身の知的世界、時には固有のセクトさえ生み出すことが可能になっているのである。

社会学のこのような状況は、たんに「面白おかしい」ではすまない。その状況は大学委員会†（CNU）がさまざまな予算や昇進争いの場になったときに、重大な危機をひきおこすようになっている。またその状況は、さまざまな学術雑誌・出版物のもつ価値の序列について、社会学者間で合意を得ることの極端な難しさにもあらわれている。つまり理論的・方法論的な多元主義が無数の特殊性へと分裂することで、各自はそれぞれの審判者だと称することができるようになってしまっている。

社会学業界のこのような政治的な弱さが、社会学に向けられる疑念に関わっていることは明らかである。そしてまた、社会学がどのようなバックグラウンドを、すなわちいかなる方法や論証の土台を有しているのかを説明できるようになれば、より卑近な言い方をす

†――学問ごとに教員＝研究者ポストの候補者を審査し、専門的な昇進を提言する役割をもつ公選の決定機関。専門を同じくする人たちから選ばれた教員＝研究者と、研究省（Ministère de la Recherche）に指名されたメンバーで構成される。

れば、もしもすべての社会学者が知らねばならないこと、自分の好みや選択、考えとは無関係におこなわなければならないことを説明できるようになれば、私たちの学問がもっと強力なものとなることも明らかなように思えるのだ。

そのような政治的・専門職的な能力を欠いているがために社会学者は、他の学問、とくに経済学が「おいしいところをくすねていく」のではないかと恐れることになる。そのリスクがいっそう深刻に感じられるのは、時代の政治的な空気が社会科学にとってあまり好ましいものではなくなっているからであり、そしてまた大学間、学科間、研究所間の序列化がいっそう肯定されるような激変の中に高等教育と研究活動が巻き込まれるようになっているからである。

この大きな荒波の中では、力をつけて頭角をあらわす学問は、必ずしも最も優れた学問、最も有用な学問であるわけではなく、むしろ最も自己を組織し規制するような力をもつ学問なのである。結局、社会学が社会学者に教えるべきなのは、そのことである——勝者は、必ずしも正しいとは限らないが、しかし最も武装に長け、最も組織されているのである。

3

何が良い社会学か

オープンな知的空間としての社会学、規範的な学問モデルの危険性

方法は変化しても厳密さと適切さが求められる点は変わらない

いかにして現実社会のさまざまな論争に確かな知識にもとづいて関与するか

何が「良い社会学」かを述べるのは、社会学の弱さをいろいろと思い浮かべるよりも難しい。あらかじめ本章でも、形式的な、と厳密には言い切れないが、注意点をいくつか述べておく必要があるだろう。

まず私は客観的であろうと努力するが、否応なく自分の気に入るような社会学を良い社

会学とみなし、また自分の気に入らない社会学を、あるいは厳密には異なることだが、自分の興味をひかないような社会学を、悪い社会学だと主張するように駆り立てられてしまうだろう。さらに私は社会学全体を知っているわけではないから、そのぶんだけ判断の主観的な面がはっきりと出てきてしまうかもしれない。

だがそうは言っても、このような注意は、思われているほど完全に根拠のあるものでもない。学派間、研究グループ間、派閥間、研究スタイル間に、多様性や競争関係が存在するとはいえ、何が良い社会学かについては一種の暗黙の合意が生じているからだ。『労働社会学』誌のようにかなり多元主義的な雑誌の編集委員を何年か務めれば、それだけで好みや政治色がどうあれ、出版に値する良い文章がどのようなものか、さらにはっきりと言えば、悪い文章がどのようなものかについて、たいてい潜在的な合意が存在するのがすぐわかるだろう。また、〔ブルデューが創刊した〕『社会科学研究学報』のように、しっかりと一つの明確な理論枠組みに結びついた雑誌の場合も、その方針に厳密に合致しているか否かに関係なく、何が良い論文で何が悪い論文かについて共通のイメージが存在しているように見える。研究プロジェクトを採否する役割を担う評価委員会に在籍すれば、それだけで、優秀と評価されるプロジェクトと劣っていて未完成だとされるプロジェクトについて、すぐに合意が得られることも十分理解できるだろう。

最後にもう一つ例をあげると、ある研究者が原稿を、信用できると評判の出版社に送るときに課されることになるクオリティ上のノルマとは、非常に多様で一人一人固有な読者たち――学識があったりなかったり、批判的であったりなかったり、注意深かったりそうでなかったり、国際的だったりそうではなかったりなどなど――がもっていると推測されるような期待に応えられることである。出版業界はもちろん危機的状態にあり、出版社は多くの本を赤字で出版しつつも、お金を儲けたい、あるいは元はとりたいと望んでいるのだ。ただ、あまり社会科学の書籍市場を単純化してしまう必要もないだろう――というのも「一般大衆向け」の書籍は出版されているが、とっつきにくく難解な書籍もまた出版されており、いくつかのタイトルは、一〇年に一、二冊だが、その両方を兼ねあわせることもあるからだ。

このような見方はやや穏健すぎるかもしれない。だが、社会学者という専門職を取り巻く環境は、社会学者自身が時おり考えるほど無規制的なものではない。多元主義の向こうに、多元主義から必然的に生じる喧噪の向こうに、良い社会学についての潜在的な合意は存在している。少なくとも私はそう信じたいと思っているし、それを前提に行動しているわけである。

このような考察から、もう一つの一連の注意が必要となってくる。つまり良い社会学についての考え方をただ一つに確立してしまうことは、結局のところ、境界を閉ざしてしまって、最低限のものだけを確保することを強いるような〔規範的な〕学問モデルを勝利させることにしかならない、ということである。この場合、そこで確立された良い社会学というものが、一つの公式な社会学となってしまい、各自がキャリアを考えてそれに従わざるを得なくなる。そうなれば、社会学は創造性を失い、型にはまった論証、理論、方法をただ積み重ねていくものになってしまい、一種、偏執的に何度も同じことを繰り返し、自らに注釈を加えていくようなものになってしまうだろう。

それゆえ「良い社会学」の基準があまりはっきりしないことは、多様性と一体性に折りあいをつけなければならない知的空間にあっては、必ずしも悪いことではない。その点で、私がまったく同意しかねるのは、社会学者の免許状や行動規範を定めるという発想である。

そのようなことをすれば、最も独創的な精神のドアは閉ざされてしまうだろうし、いわば寺の門番には事欠かないのだから、注意しなくてはいけない。

事実

事実一般の自明性を、とりわけ社会的事実の自明性を信用してはならないのは明らかである。私たちは、自分が「現実」――だまされてはいないことを示す場合は括弧をつける必要がある――を把握するのは、自分の道具、まなざし、文化、身体、ある程度意識的な利害関心を介してであることを知っている。私たちは自分自身を警戒し、二重の努力をしなければならないこともわかっている。二重の努力とはすなわち、自分たちに示される事実がどのように構築されているのかをとらえるための努力と、同時に自分がそれらの事実をどう認識し利用し理解しているかを把握する努力のことである。

このようなルールは、「ポストモダン」的な啓示としてあらわれ、今日ではかなり広く浸透してきた。その結果、社会学はとても多くの時間を、自然で自明のように見えるものを脱構築することに費やすようになっている——たとえば統計を解釈するのではなく統計がどう構築されているのかを示し、社会関係を描くのではなく社会関係の土台となるさまざまなカテゴリー〔性別、年齢、文化〕を脱構築するのである。ここで検討されているのは、モデルの有効性ではなく、そのモデルを構築する際の恣意的な前提である——分析を批判するのではなく、その分析が寄与する、しうるものを告発するわけである。

そのとき、社会学は社会的なものを脱自明化するための絶えざる努力のようなものとなる。つまり、さまざまな社会の有する自らに関する言説を脱構築していくための努力となり、そしてその努力は、それ自体がつぎは脱構築されるために、さえぎるもののないスパイラルの中で絶え間なく続くことになる。そこでは、何か真実のように思われるものについて述べることよりも、〔括弧を付けるなどして〕だまされているように見えないことのほうが重要となる。それがうまくいくのは、脱構築の作業が研究の周辺部分でなされるときだけである。

構築された事実も、何らかの現実を指し示してはいる。たとえ社会的行為者が事実をそのようなものとして受け取っているということだけがその根拠であったとしても、である。

そのことを私たちが忘れてしまえば、社会は、批判と、批判の批判と批判との増大する作用によって解体されるたんなる巨大な言説として登場することになってしまうだろう。

事実に対するこのような猜疑心は、そこからいく人かの「ポストモダン」理論家がつぎのような論理的帰結をひきだすほど強いものにさえなっている――すなわち研究者が語ることができるのは、自分自身について、そして自分が記述するものを記述可能にしているまなざしについてだけである、と。この場合、社会科学は、そもそも誰からも理解されないような自伝的物語になってしまうだろう。

事実のもつ自明性に警戒することはよいとしても、それでもやはり「良い社会学」というものが確実な事実をつくり上げるものでなければならない、ということに変わりはない。観察やインタビュー、アンケート、統計的処理、資料分析、どのような方法を用いるにせよ、さまざまな解釈に耐えうるだけの十分確かなデータは生み出さなくてはいけない。そのデータからでまかせを述べたり、何でもかんでも語ったり、正反対のことを述べたりすることができないようにするためである。

社会学は、一九世紀のさまざまな偉大な社会調査、入念な観察や旅行記、社会統計から生み出されてきた。それらによって構築された事実は、その中のさまざまなバイアスや先入観は無視できないとはいえ、やはりいずれも事実なのである。たとえ父系リネージ〔父系出自の親族中心の血縁集団〕が植民地主義的な人類学によって構築されたものであったとしても、それらは紛れもなく父系リネージなのだ。

今なお社会学は、人々の知らないものを明らかにしたり、隠されたメカニズムを暴いたり、現実の諸断片を明るみに出したりすることに根本的に役立っている。社会学は多くの点で、自然主義的、記述的、リアリズム的な学問であり、厳密さと正確さが求められるということ、そして人々が語ることについて正確に理解しなくてはいけないことと、さまざまな主張をより広い全体的枠組みの中に位置づけられるということは、良い社会学の非常に重要な特質なのである。

若者が本を読まなくなったとか、「レベルが落ちた」とか言われる――だが、ここで大切なのはそんなノスタルジーを古臭く繰り返すことではない、とはっきりさせるには、適切な調査をおこなわなければなるまい。最悪の場合でも、自分たちが何も知らないということは確認できるし、それだけでも悪いことではないのだ。移民出身の若者は、その他の若者よりも非行に走りやすいと言われる――だがそれは本当だろうか。仮にそれが本当であれば、それは文化のもたらす影響だろうか、それとも貧しさや不十分な職業資格の影響だろうか、当該集団に社会的統制を向けさせるようなスティグマの影響だろうか。あるいは反対に、仮にそれが誤りであれば、なぜ人々はいつまでも誤った考え方に固執し信じつづけるのだろうか。

なぜ全体の利益を考えればとても有益で、またとても合理的な改革プランなのに、いろいろな抵抗にあうのだろうか。個人は根っから保守的なのだろうか、たんに自己中心的なのか、あるいは考えられているほど合理的でも効果的でもないような場合には、変化を拒否するという揺るぎない理性を個人はもちあわせているのだろうか。これらの問いはいずれもとても陳腐で、あきれるほど繰り返されているように思われるかもしれない。しかし、それらの表現や信念が、現実のさまざまな実践や時には政治的決断にも形を変えるものである以上、社会学がもたらす事実にもとづく知識は、仮に用いられる研究方法がしっかりとしたものであるかぎりにおいてだが、ある程度オープンで合理的な論争には必要不可欠なのである。

さまざまな社会学的調査は、物事の「現実」について少しずつであれ語ることができるのであり、それによってさまざまなイデオロギーや意見、信念をめぐる争いは、およそ熱を冷まされることになるのだ。たとえ「軟弱」な学問であったとしても、社会学やその他の社会科学の存在によって、好き放題語ることのできなくなっているこの社会に生きていることのほうに、私はどちらかといえば満足している。もちろん、その前提として、人間科学は経験的に信頼できるものでなければならないし、ありきたりの意見や物語の一形態であってはならないが。

社会学の歴史は、病院などの組織、都市、社会集団、コミュニティに関するさまざまな有名な調査に彩られている。よくそれらの調査は「時代遅れにはなっていない」と言われるし、またそれらの調査から得られる「事実」は、調査を実施した当人以外の社会学者も絶えずそこに立ち戻って他の論証を検証しようとするほど、非常に堅固で正確なものである。つまり、それらの優れた研究によって構築された事実には、明白に「プロフェッショナル」な側面があった。その社会学者たちは自分が何を語っているのかを理解したし、高度な知的水準のために、そう語る資格も有していたわけである。

以上のように述べたのは、過去の優れた、可能なかぎり「自分の手で」なされたような諸研究を、ノスタルジックに擁護するためではない。社会学の歴史に関する先ほどの記述には認識論的に重要なことがらが含まれているのだ。すなわち研究データの質の高さとは、研究者の仮説にそのデータがどれほど抵抗するかということにもとづいているということである。

社会学の場合、私たちは理想的な実験室や、ポパー流の認識論で言う完璧な科学的コミュニティの中にいるわけではない――他の科学的領域ではそれも可能かもしれないが。それでも、それらのデータは、研究者の仮説に抵抗できるほど十分に頑丈なものでなければならない、という点は変わらない。最もひどいのは、集められたさまざまな事実を、すでに組み立てられた命題を「例証する」ためだけに用いるような研究である。そこでは、命題に抵抗したり、命題と矛盾したりするものは、すべて黙殺されてしまうか、あるいは最悪の場合、命題の妥当性を完全に示してしまおうとするシステムの究極的な策略のようにみなされてしまうのだ。

たとえば、すべての子どもは両親の社会的地位と同じ社会的地位を占めることになる、と私が主張し、そしていくつかの十分に吟味された統計データに依拠することでその命題を一種の「法則」にしてしまうことは可能かもしれない。しかし、その法則が全員に当てはまらないときには、私はその理論をつくった者として、しばしばそれらの例外を、地位の社会的再生産の力を隠そうと「企てる」システムが生み出した幻想ととらえてしまう。人々はそれと同じ「悪だくみ」を、倒錯効果や不確実性領域、スティグマ化、社会運動に関してもおこなうことができてしまうだろう。事実が例外を含み一貫性を欠いていることは、やっかいなことに論証の力を解き放ち、論証のもつ魅力を、より重みのある厳格な事実が可能にするレベルをはるかに超えて増幅させてしまうわけである。

エッセイを書く権利は誰にでもあるし、時には私もかなり自由に書いてきた――エッセイの場合、筋を通すことのほうが優先され、自分の主張を擁護できるような要素を著者はあちこちからついばんでくる。だが、エッセイの領域や様式は他からはっきり区別されなければならない――エッセイは研究よりもずっと知的で刺激的なものでありえるとはいえ、実際にはそうでもないからだ。社会学者の中にはエッセイのジャンルで達人的と言える人がいたし、今もいるが、そのような社会学者は、専門職として市場に、さまざまな概念を、可能なら刺激的な概念を提供すること以外はしない社会学者ほど、影響力をもたないということは認めざるをえないだろう――「リスク」、「空虚」、「個人主義」、「モビリティ」、「共同体主義」といった概念は、社会生活全体の公分母になっており、すべてのドアを開く鍵としてふさわしい言葉を選びさえすればよくなっている。

私は、教育問題に関心を抱く明らかに優秀な哲学者や知識人と、ときどき議論することがあったが、ある種の無知や明白な勘違いの下とはいえ、その人たちが事実というものを、調査によって明らかにされるものとみなしていることは確認できた。論争において、統計や調査にもとづく社会学者はいつも少々みじめで、凡庸、陰鬱で、もたもたしているようにみえた。それでも、社会学者の「素朴な」実証主義は、社会学者に力を与えることができるのである。専門領域の熟達者、専門家として見られることを、つまり自分が何について話しているのかを知っており、またそのことに対価を支払ってきた者として見られることを恐れないのなら、という条件付きだが。

論証とメカニズム

事実を蓄積しても、その事実が何も語らなければ役には立たない。人々が問いを投げかけることで、事実はようやく語りはじめる。さまざまな社会学の初学者向けの概論は、いずれもそのように主張している——つまりあらかじめいくつかの仮説を設定せずにフィールドワークをおこなうことなどありえない、と。もしそのような社会学の入門書を信じるなら、社会学者は、それが想定する厳密科学の学者たちのごとく働くのが好きだということになる。もしそんな社会学者がいればその人は、たとえほんのわずかな研究者が科学論文を発表するような次元と研究自体の進め方とを混同しながらおこなっているようなことを実際に学生に促すことはないとしても、とても無邪気でマニアックである。実際には誰もがその公然の秘密を知っているのだ——いろいろなありあわせのものを器用につぎはぎ(ブリコラージュ)している。

「まるで実験室の中のように」完全にコントロールされたデータにもとづいて、純理論的な仮説を検証していくという理想も、それとは反対に、ただ観察の力だけで現場から立ち上がってくるようなグラウンデッド・セオリー*というモデルも、どちらも解釈からデータへと進むことと、データから分析へと進むこととのあいだの連続した流れを完全には説明してくれない。といって、研究で最もわくわくする瞬間でもあるその展開部分を断ち切ってしまうのであれば、それはなおさら間違いである。

現場は研究者にさまざまなアイディアを与え、そのアイディアを研究者はさまざまな事実にもとづいて確認していく。もちろん、このような流れを開始するためには、まず仮説や先行するアイディアが必要である。つまり何をどこで探すのか、何を見るのか、何を聞くのかは、あらかじめ理解しておく必要がある。一般的に言っても、仮説は絶えざる練り直しのプロセスの中で発展し、正確なものとなっていくのである。

つぎに方法に関してはというと、唯一、適切な問いは、提示した問題に方法が適しているかどうかだ。古典的な研究の例に戻って言えば、なぜ自殺率が国家間、社会階級間、性別間などで異なるのかを知りたければ、多様な変数グループのあいだで統計的な比較をおこなうのが最も賢明である。だが、もし個人がいかなる理由で自殺するのかを知りたければ、さまざまな自殺についての語りを再構成したり、自殺未遂者のケアをおこなう精神科医に会ったりするほうがよいだろう。各方法から得られるとされる典型的な研究成果をちゃんと理解しているのであれば、方法の数を増やしたり、方法を組み合わせたりすることも別に妨げられることはない。

それらの方法によって、全体社会の物理法則や社会進化の一般法則が打ち立てられるということは想像できないとしても、社会のメカニズムや構造やシステムがその一部であれ明らかにされることは十分にありえる。たとえ社会的行為がつねに、それぞれの背景をもち、限られた場で展開するものであり、また環境や個人ごとに固有のものであるとしても、社会学は、個々の研究で収集されるたんなるデータや観察結果を超えた価値をもつような、社会的相互行為の諸類型を、行為の有する合理性と論理の諸形態を、そして意味の総体を導き出さなくてはいけない。仮にこれこれの高校の生徒たち、これこれの郵便局の局員た

---

*――Grounded Theory. 質的データから理論構築を目指すアプローチ。データ対話型理論と訳すこともある。

ちについてなされた研究であったとしても、そこにある程度固定した関係性や行為類型を見出すのであれば、その研究は明らかに事例を超えた価値をもつことになる。

社会学が私の目から見てやや期待外れのものとなるのは、それが極端に局所的な次元での正確さを口実として、観察された場所でしか価値をもたないような諸関係を記述しているときである。その場合、社会生活は局所的な慣例から、つまりその場その場にまったく固有の偶発的な「取りきめ」から成り立っているということが導かれてしまうだろう。そのような社会学は、それと正反対に、あらかじめ定められたモデルをそれではどうにもできないような事実にまで押し付けようとする傾向をもつ社会学と同じくらいに、期待外れである。良い社会学は――この奇妙な表現を続けるとするなら――自らが対象とする素材を超える価値をもたなければならないのだ。

良い社会学は、行為やその主体性の内部に一部存在するが行為者の意識からは独立しているような、さまざまな社会的メカニズムをあらわにする。シンプルな言葉で言えば、社会システムのほうへ向かうのである。仮にAであればBが生み出される可能性がとても高い、というタイプの因果関係を明らかにする場合、一般的に最も効果的なのは、統計的なモデルである。私も最近、その種のアプローチに関わり、各国の学校システムを比較して、そして直接的な因果関係にはないが、多くを教えてくれるような安定した関係性をいくつか明らかにしようと試みた。たとえば、学業上の不平等が大きいほど、その不平等は世代間で再生産される傾向があり、社会移動は小さくなるということを示すことができた(Dubet, Duru-Bellat, Vérétout 2010)。このようなメカニズムは、ありきたりのことのように思われるかもしれない。だが、早い段階で生徒を選抜するほうが庶民層の最も優秀な子どもたちにとって有利である、と多くの人が主張する中にあっては、考えられているほどありきたりのことではないのである。不平等の形成、非行や自殺の要因、あるいは組織された集合行為を生み出す能力などについて、社会学はこの種のメカニズムを数多く明らかにしてきた。

この問いの大枠にとどまって考えるなら、良い社会学、いや、非常に良い社会学とは、個人の行為の構造や形態と、個人が追求する目的や意図から基本的に独立した客観的なメカニズムとを、完全に統合することはないとしても、視野に収めるところまでは至るような社会学である。その際には、二つの道筋が可能である。一つ目はさまざまな意味の体系から客観的メカニズムへと進んでいく道であり、もう一つは反対に、客観的メカニズムがどのようにして行為のシステムを多少なりとも枠づけるのかを示していく道である。

いずれにせよ、良い社会学とは、行為者と社会について同時に語ってくれるものであり、チャールズ・ライト・ミルズ*（1963）の言葉を借りれば、個人の（主観的）苦難と、集合的（客観的）な争点とを関係づけてくれるものである。いかにして、労働者の仕事上の経験を、労働の組織化から生み出されるものとして、そしてその向こうにある資本主義によって生み出されるものとして、分析していくか――しかし、またどのようにして労働の組織化とその向こうにある資本主義の調整様式とを、たとえ一部であれ労働者の意識や行為から生じたものとして分析していくのか。これら二つの論証が、完全にぴったり合わさる可能性はほとんどない。しかし、それらを同時に進めたり、交差させたりする野心はもたなければならないのだ。

社会問題と社会学

私の考えでは、社会学の特質の一つは、社会問題への関心と厳密な学問としての社会学自身への関心とを結びつける能力にある。社会学者が社会問題に関する研究を開始するとき、仮にその問題に関わる人々、つまり問題に巻き込まれているソーシャルワーカーや活動家、議員などが定義する通りに問題をとらえるなら、社会学者は自分たちも役に立っているという感覚をもつようになるかもしれない。だがその社会学的研究は、その問題に関わる人々の利害や判断からどうしても影響を受けてしまうだろう。社会学者がアルコール中毒や非行、貧困、学業上の挫折について考える場合、仮にそれらの問題に働きかける義務を負うさまざまな機関が定めた定義をそのまま自明のものとして受け入れてしまうなら、

*——Charles Wright Mills. 一九一六—一九六二。アメリカにおけるラディカル社会学の先駆者。パワーエリート論や『社会学的想像力』などで注目を集めた。

研究者が適切な知識を生み出せる可能性はほぼなくなってしまうだろう。仮に社会学者が、酒を飲みすぎる人々や挫折した生徒、貧しい人々、非行とみなされる人々の視点を採用するのであれば、よりオリジナルで、しばしばより共感的な事柄を描くことは可能になるかもしれない。だが、そこから適切な社会学的問題がつくり出されるかというと、そうは考えられない。

だがそれでも、社会学は社会問題と結びつけられなくてはならない、ということに変わりはない。社会学は、社会に害を及ぼすものや社会に関心を抱かせるもの、あるいは社会を乱すものや社会が見たくないものに関心をもたなければならないのだ。うまくいっているものに関心をもつよりも、うまくいっていないものに関心をもつほうが、何か立派だというつもりは毛頭ない。だが社会学が役に立つのは、イデオロギーと事実のズレ、意図と実際のズレ、光と影のズレをあらわにすることが、現実社会の中に割って入ってその粉飾をはぎとるための方法なのだ、と考えるときなのである。

私の考えでは、良い社会学であるための秘訣は、社会問題を社会学的問題へと転換させることで、社会学的問題が役に立たないものではないことを示すことにある。そして、そうすることで社会学的問題が、無から生じるものではないことを示し、またそれがあまりに純粋で恬淡なあまりに実社会の騒音と熱狂に平静さを失い論証の美しさも乱されてしまうような学者の学問的関心事から生じるものでもないことを、示すことにあるのだ。このように社会学は、社会問題を介することでさまざまな論争に関与し、自らの有用性を示し、そしてある程度であれ、自らの適切さや本当らしさを確かめることができるのである。

ただし警戒しなければならないのは、「社会問題」を「人口グループ」〔人口統計などにおける区分〕に対応させて、社会学を組織化しようとするような傾向である。そのように対応させてしまうと、さまざまな社会的課題は、より狭いグループへどんどん分解されていってしまう――すなわち、若者、仕事のない若者、マイノリティ出身の仕事のない若者、これこれのマイノリティ出身の仕事のない若者、そのマイノリティ出身の仕事のない女性の若者、というように、このリストにきりはない。そうなってしまえば、研究者は超専門家に、時にはただ一人の超専門家になってしまい、「自分が対象とする」グループと「自分が対象とする」社会問題の弁護者ともなってしまう。その傾向は、専門領域の分化の論理へとつながっていく。しかしその傾向は、社会問題を、それぞれ独特な少数派の人々が抱える、それぞれ独特な諸問題のたんなる連なりとして一般的にとらえてしまうようなイメージへとつながっていくことになる。

その意味で言えば、ますます狭く専門領域化されていく何々スタディーズ〔個別研究〕という論法は、社会という観念そのものの衰退に関与してしまっている。個々の病気にこだわりすぎることで、健康それ自体の問題はおろそかになってしまうだろう。それと同じように、各自がそれぞれ一つの「動物の種」の専門家となり、「問題」を「グループ」ごとに繰り返し分解していってしまえば、実社会全体のいわば「生態系」は見失われてしまうことになるのだ。そのような不安は、多くのアングロ＝サクソン圏の大学において社会学科がどのように組織されているのかを考えてみれば、べつに妄想ではないように思えてしまう。

4

批評家でもなく御用学者でもなく

著名な批判的社会学者以外、社会学の学位取得者の大半はたんなるシステムの歯車なのだろうか？

社会学者と社会秩序
都市における社会学者の立場

右の問いは、一九七〇年代のイデオロギー的で政治的な雰囲気を思い起こさせる。多くの人たちにとって、社会学者には「システム」への協力か断絶しか選択肢がないのだと思われていて、「どちらの側につくかを選ぶ」ことが必要な時代だった……。その頃の年代には事実上社会学は存在していないか、抑圧されており、あるいはソビエトのような権威主義的な国々の掌中に握られていたことを考えればいっそう逆説的だった。

つまり、いくつかのケースでは社会学そのものが禁じられていたり、他のケースではいくつかの技法と公式の専門用語との組み合わせにすぎないようなものでしかなかったのだ。こうした問いは、社会を完全で絶対的な支配のシステムとして描く社会的想像力の中で発想されたもので、そこから脱出するには革命によるしかなく、偉大な夜、解放の闘い、ゲリラ、文化革命、内部分裂、あるいは既成秩序を「下から」壊す極小な革命をまとめ上げることと等々が問題だったのだ。

こうしたドラマ化の中で社会諸科学は、支配の幾千もの奸計を明るみに出し、非難されているシステムの延命策でしかないような政党や社会運動の耐えがたい改良主義的幻想をはっきりさせるべきだったのだ。いずれかの行政機関や組織から給与を得ている社会学者は多くの場合、ケースワーカーの仕事や都市政策、若者対策や非行防止などに携わっていた。だが福祉国家の諸政策や制度が支配と疎外を明らさまに引き継ぐものに他ならないことを証明しないなら、システムに賛同していると疑われたのである。

多くの場合、これらの仕事がデビューしたての若い社会学者たちによって占められていて、自分たちが体制に協力してはいないということを証明しなければならなかったため、いっそう過激なレトリックを用いざるを得なかった。たとえばケースワーカーたちは長いあいだ、最も批判的な社会学理論に熱狂的に賛同していた。自分たちが運命的に資本主義のために働くある種の「犬」だと説明するような理論にである。しかし本当にそう信じていたわけではない。さもなければ直接警察官になっていただろう。

このような批判的な見方に対する執着は、社会学の基本的な役割を間接的に描き出してもいる。「理論上の階級闘争」でもって社会学は認識の序列のとても高いところへよじのぼろうとする。世界をあるがままに維持できるとか、完全に変革することができると思うのは、自らがそれほど強力だと信じているからに他ならない。協力か断絶かの分割線は今日それほど明確とは思われなくなっている。なぜなら私たちの政治的ドラマはおそらく、システムからどうやって出るかを知ることであるよりも、それをどうやって制御し改革するかを知ることだからである。結局私たちは「断絶を」と呼びかけながら、改良主義や社会民主主義が現実に可能な政治的展望を提供してきたのだ。今日、世界のあちこちで危機に瀕しているのはまさにこの見通しである。

時代は確かに変化した。今日まったく正当にも、人々はソーシャルワーカーの仕事を一つの「既成事実」として擁護し、支配の狡知などではなく最も恵まれない人々の運命を和らげる一つの方法とみなしている。ソーシャルワーカーの仕事を批判することから始めた人たちが、今では最も熱烈な擁護者となっている。まったく同様に、かつて「ブルジョワ的学校」を非難していた多くの人たちが、教育の「商品化」と「知育主義」によって脅かされている「共和主義学校*」を必死に守ろうとする人たちに変身した。一般的に言えば一九六〇、七〇年代の産業社会が新たなベルエポックへと徐々に変化していったのであり、「フォード主義的社会契約**」と「社会上昇のエレベーター」に祝福された時代が到来し、消費社会の倒錯と搾取をかき立てる表の顔となった。

*――共和主義にもとづいた近代的教育制度下での学校。フランスにおける公教育の主な担い手は、一九世紀後半に教会から国家（フランス共和国）へと移行した。

**――アメリカのフォード社が導入した、最低賃金の保証、労働組合結成の承認など、職の安定をはかった契約のこと。

行為者の回帰

一九八一年は二重の切断をしるした年である。すなわちポーランドの連帯の運動が、共産主義者たちへの最後の幻想をたたき壊し、終わりの始まりが告げられたことと、フランスの左翼の勝利後数カ月の内に、政治的多数派の変化というものはいかに重要であれ、体制のいかなる変化も、社会のどのような変化も引き起こさないということが示されたのである。

フランスでは一九八〇年代以降、社会学の知的スタイルが根底から変化した。トゥレーヌの著書のタイトル『行為者の回帰』(1984) はその最も総合的な表現である。行為者たちがシステムの諸法則に完全に閉じ込められていることを強調してきたのち、社会学は、社会的行為の内部にある自由、イニシアティブ、そして批判といった部分に焦点を当てるようになる。フーコーの思想そのものが『監獄の誕生』(1975) から『自己と他者の統治』(2008) のあいだでこうした屈曲をみせている。フランスで長いあいだほとんど読まれてこなかったゲオルク・ジンメル*が、シカゴ学派や相互作用論**を通じて多くの人々に再発見された。人々は『アサイラム』(1979)より『行為と演技——日常生活における自己呈示』(1973)を読み、フランスの社会学者たちはアーヴィング・ゴフマン***を発見して、行為者たちが自分の表情やアイデンティティを操作し、書き綴られている最中の仮面劇として社会生活が描かれることを証明する。なぜならその中で人物たちは表情やアイデンティティや保証を探し求めているからだ。

---

*——Georg Simmel. 一八五八—一九一八。ドイツの哲学者、社会学者。デュルケーム、ウェーバーと並び称される社会学黎明期の巨人。

**——アメリカ、シカゴ大学を中心に形成された「シカゴ学派」社会学は、社会を人々の相互作用(相互行為)の集積としてとらえる「相互作用論」を打ち出し、二〇世紀前半の社会学をリードした。

***——Erving Goffman. 一九二二—一九八二。カナダ出身のアメリカの社会学者。ドラマトゥルギー論と呼ばれる役割行為論を打ち立てた。『アサイラム』は、障がい者、老人などの収容保護施設(アサイラム)の内部で収容された人々が環境に適応していく過程などを論じ、『行為と演技』は、会話などの人々の日常的な対面行為を仮面をかぶった演技の連続とみなし、そこでとられる演出法や戦略について論じた。

つまり社会生活は変えようのない運命として組み立てられた一つの小説ではなくなったのだ。なぜならもはや著者はいない、つまり社会システムはなくなったからである。エスノメソドロジスト*たちはこの説明をさらにもう一歩先へ進める。社会システムという考えそのものが中身のないものとなった。それは社会生活を説明するための数ある方法のうちで「土着的な」やり方の一つにすぎない（Garfinkel 2007）。合理的選択の社会学、もっと正確に言うと、限定された合理的選択の社会学は「アメリカ式リベラリズム」の手先として完全に投げ捨てられてしまう、というようなことはもはやない。

もはや諸個人から出発する社会的説明はイデオロギーだとみなされるだけのものではなく、信頼のおける正当化や議論のシステムとされる（Boltanski, Thévenot 1991; Boudon 1986）。社会学者たちは、「心理学主義」とのレッテルをはられずに、最も個人的な社会的経験に関心をもつ。この時期の出版界で最も大きな成功を収めた『世界の叫び』**（1993）は、インタビューや「生の」証言を提示し、『社会学者のメチエ』***（1968）の著者たちが、つい数年前ならにべもなく非難されたであろう方法にもとづいて論じる。行為者へと向かうこのような急カーブは社会的支配というテーマを明らかに消し去るものではないが、この支配が全面的なものではなく、行為者たちが何かをおこなっていること、すなわち行為や意識化の空間……が存在していることを意味している。これらのおかげで、協力か断絶かの真正面からの対決というイメージが徐々に弱められたのである。

こうやって社会学者の立場、あるいは人々が社会学者について抱くイメージは、少し微妙なものとなった。社会学者は社会の中にいるのであり、その脇や上にではないし、社会学者は悪魔でもなければ善良な神でもない。従属した協力者でもないし英雄的に縁を切ることもない。社会学は隠された不平等、組織の閉塞、悪意のある不公正、そしてしばしばスキャンダルを明るみに出すが、これらすべてが犠牲者たちの共犯をしばしば交えながら、

＊――研究者は調査対象者と関わる上で互いに影響を与えあうため、純粋な観察者でありつづけることはできないとする立場（エスノメソドロジー）の論者たち。

＊＊――ブルデューによる一九九三年の編著書。インタビュー形式を大胆に取り入れ、貧困にあえぐ人々の声を伝える。原題は『世界の悲惨』。

＊＊＊――ブルデュー、シャンボルドン、パスロンによる一九六八年の共著。社会学の認識論的基礎を考察。

どうやって生み出され機能しているのかを説明し、そのメカニズムやプロセスを解明する。社会学は望むと望まざるとにかかわらず、明らかに犠牲者たちが多かれ少なかれシステムに「協力」すると同時に批判する、そうした行為の射程、実践的なパースペクティブ、そして適応といったものを指し示す。

学校や庶民的な地域について研究をおこなったあとで、その学校の不平等を改善し、その町をもっと住みやすくするのに何もなすすべがないなどと、いったい誰が言うだろうか。それらの問題を一挙に消し去ってくれるほど根源的な革命が起きるのを待ち望むことでもしないかぎり。その反対に、すべてがうまくいって素晴らしい世界が待ち受けているなどと言う者がいるだろうか。行為者たちが、産業社会の労働運動のように全能であると思われたものとは似ていないからといって、何の行動力ももたないという者はいないだろう。社会学者たちは世間の人々と同じなのだ。消費社会を非難しながら車を買うし、文化産業を批判しながらテレビを見るし、真実だと思われることを述べるためにテレビに登場することがいつも嫌だとは思っていない。システムに奉仕することと抗議することとの境界線をうまくたどっていくバランス感覚をもちあわせているほどに如才ないのだ。

社会秩序の奉仕者と敵対者との境界線は、批判の大半がシステムにのみ込まれてしまうために、いっそう不確かなものとなっている。最も批判的な知識人たちが最も人気があるということは誰でも知っている。テレビは知識人が大好きで、とくにメディアによる操作を非難する社会学者たちが好まれる。納得のいく抑制のきいた内容を話すことは、多くの視聴者に話をきいてもらう最良の方法ではない。反対に断固として文明の終わりを語り、世界の商品化を訴え、不平等のスキャンダルを明らかにし、大衆文化、空虚の時代、イメージと「コンピュータ世界」の崇拝、技術や国際金融の支配の前に世界の脱人間化を非難すること、これこそが人々の非難するシステムから承認を得る最も確実な手段なのだ。社会学者と知識人たちはしばしばまるでラップかロックのグループのようである。反抗的でこの世が耐えられないというのだが、このような「メッセージ」が世間に認められるかなりいいやり方であり、メディアや政治の世界に侵入する「ショービジネス」のスタイルに乗っかってはいないことを示すという効果もあるのだ。

制限付きの「体制化」

社会学者たちの作品がシステムによって認められ「取り込まれる」ことは必ずしも悪いこととは思えない。まずそれらは葛藤に陥っている行為者自らによって取り込まれ、社会学者たちのテーゼからアイディアや表象や議論のストックを汲み出そうとする。ここでは教育に関する私自身の研究をひきあいに出すことをお許しいただきたい。

かつて私は、教育の大衆化によって生み出された伝統的教育形態の衰退が、学位の有用性に結びついた道具主義の重みと、大衆文化による競合のためにひき起こされた学校の文化的正当性の弱体化によっていっそう強まり、教育者という仕事がかつてよりずっと困難で責任あるものとなったことを示した（Dubet 2002a)。これらのテーゼは、教育の仕事の困難さに関する要求を掲げた教員労働組合によって、強力な議論の根拠とみなされ一定の反響を呼んだ。ところが反対に、教師たちの期待にあまりこたえられない生徒たちにとって、このシステムが辱めを与えるものであることを明らかにしたときには、かなり実務的ではあるがどちらかというと周辺的な教育運動グループを除いて誰も、とくに教員労組の側からまったく反響がなかったのである（Dubet 1991）。教育省はというと、生徒や教員たちの気持ちに対してよりも、改革への障害や「抵抗」についての記述にどうしても敏感たらざるをえない。分析の力がこれほどだから、関係する集団や個人がそれを自分たちの情熱や利害に織り込むことができない、ということに思い当たるには大いに虚栄心を必要とする。

私よりもっと人気のある、そしておそらくはもっと強固な社会学的分析も、社会学は社会の中にあり、社会にのみ込まれているという原則を逃れることはできない。ブードンが七〇年代半ばに学歴インフレのリスクを批判したとき、ずっと保守派でありつづける人々を魅了した。生まれや抜きん出た才能のおかげで勉学に向いている人たちにしか学校が開かれないことを願っている人たちだった。今日、この同じテーマは、学校がより恵まれない人たちに向けられているという幻の約束を非難する中で、むしろ左派に向けられている（Beaud 2002）。言いかえると、社会学が権力に奉仕するかその批判にまわるかを決めるのは、社会学そのものというより、社会的行為者たちがそれをどうとらえるのかにかかっている。

社会学は体制に組み入れられないものだということも述べるべきである。社会的不平等の形成や既成の社会の再生産をおこなう最もがっしりしたメカニズムを批判することは、「システム」によって「取り込まれる」可能性はほとんどない。労働組織の予期せざる効果を非難することが、組織経営のスタイルや労働における上下関係に重大な変化を及ぼすことはほとんどありえない。消費の様式を批判的に分析することが、企業や消費者の戦略に急速に影響することもほとんどありえない。都市部の「ゲットー」の形成を明らかにする、私のも含めた何千という研究が、社会政策や刑罰政策の形成に十分な影響力をもちえたと言える人はいない。

ただたんに言えることは、システムの要であるような社会的支配の中核が存在しており、それについて社会学が何か重大で本当のことを述べることができるが、そうした研究は「取り込まれる」ことはできず、せいぜい周辺にとどまるのである。このことは、支配層の金銭欲や「意地悪さ」のみに帰されるものではなく、おそらくより深い部分で、私たちの各自が別のところでは非難している支配に、多かれ少なかれ参画しているという事実につながっている。

しかしながら、社会学は役に立たないものではない。とはいえ社会生活に外から介入しようとする英雄的なおこないではなく、社会学は社会の中にあり、社会生活の隙間にあるのだ。社会学は一定の明快さと知性をもたらすから、学校で教えられるようになるのはよいことだが、医師、法律関係者、経営者、組合活動家や、私たちの暮らす社会をしばしばそうとは知らずに「つくり出す」すべての人たちにも教えられるものであってほしい。記憶や歴史なしで生きることができないのと同様に、社会学的プロセスについての基本的な知識なしに生きることはできない。私たちはこの社会的プロセスに左右されると同時に、私たちの行為の一つ一つがこれをつくり出すことに貢献しているのだ。

本当の批判とは

5

批判は社会学の歩みと一体である

批判の限界とアポリア

十分に理解される批判とは

責任と参加の倫理

私は批判的な立場について、よくわかっているわけではない。社会学もしくは社会学者の大半は「ありのままで」批判的だと思うからだ。社会学が批判的であるのは、社会生活を解釈する常識的な見方に距離をとったり、さまざまな実践を説明しうる重要な諸原理が存在することを証明したときだ。あるいは青少年の非行が当人の「邪悪な」性格によってよりも、社会的文脈や「諸力」によって生じていることが証明される場合である。

また、同じ行動が社会的に生み出されながら、当人の自由や合理性を完全に無にしてしまうことがない点を証明したときにも、社会学は批判的である。社会的統制によって、非行に走る者が「生み出される」ことが証明されたり、このような若者がたんに受動的な犠牲者ではないことが証明できる場合にも、社会学は批判的である。それはまた多少手の込んだやり方で、常識化している考え、つまり社会的なものを私たちに理解させてくれるような多くの常識やそれほど常識的でもない感覚を分解してみせるのは、社会学が批判的であるというためなのだ。

こうして私たちが共同生活について自然に抱く解釈や、これに関して掲げられた意図にもかかわらず、社会生活というものはかなり一貫しているのだということが明らかにされる。この批判は「専門的な」認識を「通俗的な」認識にただ対立させるだけではなく、社会生活の諸表象を支配するいくつかの視点は、各自が占めている社会的立場や問題となっている利害や文化に結びついた視点にすぎないということを強調する。社会学が批判的であるのは、すべての人々を決して喜ばせない、つまり不安がらせるからなのである。

人々が社会生活の表舞台の片隅に隠そうとする断片を暴露するがゆえにも、社会学は批判的である。それは何も最も残酷だったりスキャンダラスだったりする面ばかりではない。牢獄、ホスピス、ひどい貧困、私的な暴力、過酷な労働……といったような。社会学は私たちがもはや見ないような普通の日常化した生活をも暴露する。それについて私たちが与える正当化やラッピングを通してしか見ないような生活である。社会によってなされる本当の作用を裸にしてしまう点で社会学は批判的である。最も正確で、最も距離をとった、しばしば最も面白い記述と分析が、病院のサービスに関して、学校の教室について、ある工房や研究所の一室についてなされ、最も怒りに満ちた過激な新聞記事よりもずっと強力な批判力をもつ。

批判的な視点を発達させるには、自分自身の社会について民族学者となり、それが自分たちにとって慣れ親しんだものではないかのようにながめようと努めるだけで十分である。病院でのサービスが提供する「本当の」生活は、それが掲げるようなものでもなければ、それが与えていると信じているものですらない。実際に人は、そこで科学的諸ルールを適用するというよりつぎはぎ（ブリコラージュ）をしているのであり、そのほうがより効果的であることも多い。教室での本当の生活とは、そうだと想像されているものからほど遠い。

しばしば教師は、知識を伝達するより静粛を保つのにとても多くの時間を注ぎ、すべての生徒に同じ熱意をもって同じやり方で接するわけではないが、教師の倫理では全員に等しく関心をもつべきなのだ。生産労働者たちの仕事ぶりは私たちが想像するようなものとは異なっている。期待通りには動かないのだ。労働者たちは「どうにか切り抜け」たり「言うことを聞かなかったり」する。実験所での生活はというと、科学の教科書や記事が与えるイメージとは相当異なっている。そこには情熱も、争いも、妥協もあふれている。

一九七〇年代の偉大で批判的な観点が後退するにつれて、ゴフマンのような社会学者が成功したことをある意味で説明するのは、社会的世界に対するこうした皮肉な関係である。古典主義時代のフランスのモラリストたちと多少似たようなやり方で、社会学はその仮面をはぎ取ったのだ。つまり他の人々のメンツを保ちながらどうやって自らの体裁を繕うのか、他の人たちが反対する側にまわらないようにどうやって権力を隠しておくことができるのか。人々がそう見られたいと望む通りに自分を見せるにはどうすればよいか、それが問題なのだ。

批判的スタイル

社会学者たち、もっと広く言えば知識人は、自らを批判的であると定義するが、批判というものが社会学の歩みそのものと一体であるという主張は受け入れないだろう。これらの人々にとっては、怒りを覚えつつ一定の批判的視点、すなわち道徳的に、あるいは社会的観点に立ち、そこから世界を記述し、分析し、非難する場合に批判的たりうるとされる。

このような立場がもつ力は、社会学者に自分の拠って立つ公準が何なのかを言わしめ、自分の視線を方向づけている規範的な焦点がどこにあるか、課題、方法、そして結論を語らしめることにある。たとえばフランクフルト学派の偉大な批判的伝統は、つぎのような多くの批判的公準の上に打ち立てられていた。資本主義への批判、とりわけ世界の道具的合理化に対する批判、テオドール・アドルノ*にあってはマルクスおよびウェーバーに多くを負ったものである。そしてユルゲン・ハーバマス**に見られる「純粋な」コミュニケーションの民主主義的理想の名のもとになされる批判、アクセル・ホネット***に見られるような、諸個人を承認するべきとする要請の名のもとになされる批判（2006）などである。もちろんこれ以外にいくつもの批判的立場が可能である。

批判が必ずしも左派のものでないことを思い起こそう。たとえばフランス革命以来、一つの反動的な批判的伝統がまさしく存在しており、アメリカで大きな影響力をもったリベラルな批判的伝統も存在する。一九七〇年代のフランスでは「レーニン主義的」と名づけられた強力な批判的伝統が生み出され、歴史の「諸法則」の科学的認識とプロレタリアートの諸利害とが想定上一致すると主張されたのである。また一方で、ニーチェ的な批判の伝統についても語ることができる。権力の何千という手管を暴露し、社会的なものそれ自

*――Theodor Adorno. 一九〇三―一九六九。ドイツの哲学者・社会学者。フランクフルト大学からナチス政権の成立のため英・米に亡命。主著は『否定弁証法』、『啓蒙の弁証法』（共著）など。

**――Jürgen Habermas. 一九二九―。現代ドイツを代表する社会学者・思想家。フランクフルト学派の重鎮。主著は『公共性の構造転換』や『コミュニケーション的行為の理論』など。

***――Axel Honneth. 一九四九―。フランクフルト学派第三世代のドイツの哲学者。ハーバマスの後を受け承認論を展開。『権力の批判――批判的社会理論の新たな地平』など。

体を支配と同一視するに至った。

今日の支配的な批判的スタイルは、この最後の観点から大いにインスピレーションを得ており、批判を社会的なものの脱構築の連続した作業と考えている。社会学、歴史学、あるいは文芸批判を脱構築するには、以下のようなはっきりと主張された観点から出発する。すなわち女性たちへの支配という観点、旧植民地支配という観点、性的マイノリティに対する支配という観点、正当な「教養ある」文化のヘゲモニーという観点、あるいは文化産業のヘゲモニーという観点などである。このリストには際限がなく、これらの多様な「スタディーズ（研究）」がアメリカの大学の社会科学の諸学部をつくり替えたのち、こんどはフランスにおいて数を増やしている。問題となるのは、社会的支配がまず諸社会的カテゴリーそのものの中に広がっていることであり、言語が語用論上たいへん強力であるため、私たちが現実ととらえているものを構築しているということが明確になっている。その現実とは社会的世界の明証性であるが、支配の効果に他ならないのだ。

したがって批判は無限に広がりをみせる。なぜならそれぞれの構築物が脱構築可能であり、そのことがまた新たな脱構築を生んで、今度はそれがまた脱構築される。たとえばフェミニズムの一定の流行は性の中にジェンダーが自然化されることを拒否し、そして今度は「クイア」*的な批判によって、ジェンダーのカテゴリーそのものが投げ捨てられ……批判そのものがまたつぎに批判される。「事実」が存在しないかぎり、批判の運動が中断されることはありえない。

批判的諸理論の力は明白で、自らそのようなものとして振る舞うので、何も仮面をかぶらず進んでいく。他方でこれらの理論は「自分がどこから話しているのか」、つまり規範的観点および社会的行為者の観点から話しているのだと言わずにはおれない。それらの観点を批判理論は擁護するが、こうした前提はほとんどの場合隠され、認識されない。なぜなら「通常化」した社会科学の中ではこの前提が自明のことだからである。あとは、企図された研究の科学的価値にすべてが依存しているとされ、ちょうど「通常」科学の場合と同様である。

*——セクシュアル・マイノリティ（ゲイ、レズビアン、バイセクシュアル、トランスジェンダーなど）を包括的に指す言葉で、現代社会学の重要な研究分野のひとつとなっている。

5 本当の批判とは

つまりマルクスからフーコーに至るまで、批判的観点に息吹きを吹き込む規範的な公準を強く確信しているだけでは、その観点の根拠にならない。批判的観点からの批判が、やはり同じように自らの諸前提を明らかにするよういざなう正当化の循環の中へ向かえば向かうほど、いっそうそれが当てはまる。

批判的循環のこのような展開、つまり批判による「通常」科学の占有と、「通常」科学による批判の回収という二重の作用が、批判科学と「通常」科学のあいだには壁が存在しないということをはっきり述べるに至るのである。しかもこのことは、自己を批判的であると定義し、そういうものだと感じ取っているような思想家たちが、自分の同僚らと同一の学校で学び、同一の学位をもち、同じ制度的地位を占めていればいるほどいっそう明確になる。

批判的なポーズ

私が批判的なポーズというものに対して多少のいら立ちを感じていることはおそらく理

解していただけるだろう。こうしたポーズはある規範的な観点の優越性を主張しながら印象づけるための一つのやり方であり、既成の秩序とその不正の同盟者側に帰着しかねない批判の批判から身を引くための一つのやり方でもある。人々が批判するのは私の著作ではなく、私が擁護している大義であり、支配される側の大義であるから、私に対してなされる批判は支配する側からのものである。このような批判に真偽は存在しない。それは不公正に与するものだ。

それから私は、批判的ポーズが何らかの制度的で、出版上の、あるいはメディア的な無視できないようないくらかの恩恵をもたらしていることを観察せざるをえない。たとえこれらの恩恵が空虚さをあらわすもので、批判の「懐柔」を示すものだと非難されても。基本的に人々は批判的ポーズに対して、宮廷の風習を批判しつつ自ら宮廷に身をおきたがった「老練な、そして半＝老練な」人々に向けてパスカルがおこなった判断を向けるのだ。

もっとまじめに言えば、批判が近代の文化に完全に取り込まれていること、つまり再帰性の連続的な運動に組み込まれていて、逆を突く動きや批判的転倒が当たり前になると、前衛はもはや、社会秩序を維持していると思われていたヘゲモニー文化のブロックに正面から向きあうことはない。大衆消費や経済的搾取、メディアによる幼稚化、あらゆる形態の疎外、男性支配やグローバル化などに対する批判が今日メディアを潤しており、顔をもたないこれら多様な形態の支配のベクトルがメディアであることを無視できる者はいない。

しかし私の抵抗は、自分の「仲間たち」や「同族」、「教授一家」の慣習に出会ったときのいら立ちを越えて広がる。批判的な観点が、社会的行為者や諸個人の普遍的な疎外を定式化することはあまりにもよくみられることである。支配の純粋なメカニズムであり、幻想や誤った観念をつくり出す機械とみなされる社会においては、個人はまるでクローンのように、歩兵、歯車と考えられており、まとめていえばそうした存在であることを幸せに感じている愚か者とされているのだ。

最もひどい不公正の犠牲者であるとの理由から批判が展開される当の犠牲者たちは、つぎのような一般化された疎外というビジョンを逃れることができない。つまり満足した消費者とはロボットであり、自分の労働を愛する労働者とは隷属を愛しており、知識を伝達する教授が伝えるのは権力であり、愛に生きる幸せな個人たちについては何というべきだろうか！

こういうやり方で私の仲間たちが描き出されるのを受け入れることはできないだけでなく、もし世界が批判的公準の描くようなものであるなら、いかにして批判が可能となるのか、私にはまったくわからなくなる。もし疎外が広く一般化しているのなら、どのような意志の働きによってそこから逃れられようか？　批判が批判をおこなう人物の手前でストップし、象徴的な権力の奪取を意味するものとなるか、まるで司祭が「世界の外に出て」高みから見下ろすかのような貴族主義的姿勢に依拠するかのどちらかであろう。社会学者はもう少し遠慮がちである。なぜなら、社会学者の仕事が問題となるやいなや、社会学的思考が社会的拘束の外で宙づりになるからだ。もし批判的視点がよく主張する通りにこうしたヘゲモニーが全面的なものであるなら、どのような奇跡が起きようと批判的思想家がそこから身を引き離すことなど不可能なのだ。

批判的志向が強い著名人たち、フランスではブルデュー（1997）からフーコー（1984）までがこのようなアポリアの問題を自らに課していたことも言っておかねばならない。したがって私の抵抗がめざすのは、その思想が批判には還元されないような「マスターたち」よりも、批判を戦いの道具にしたり、運命の皮肉とでもいおうか、自らの作業を権威に満ちた議論にもとづかせたり、汲みつくせないほどの引用の戯れに身をまかせたりするイドラ使*いたちに対してである。批判的ポーズが隷属への欲望や献身への抑えた趣向からいつでも身を守っているなどとどうして言えようか。

政治参加

批判という言葉より、サルトルの『文学とは何か』(1951)から借用した「アンガージュマン」の概念が私は好きだ。終戦による祖国解放と冷戦、そしてインドシナやアルジェリアでの植民地戦争の開始という時代の雰囲気の中で、サルトルはすべての文学が政治に関わっていると説明した。† 好むと好まざるとにかかわらず、決意のあるなしにかかわらず、文学は世界についての一つのイメージを提供する以上は、世界に働きかけるがゆえに、政治参加するのだ。たとえ一つの大義にはっきりと賛同することを拒否しようが、文学は社会の中にあり、それはちょうど有権者が棄権することで政治に加わっているのと変わりない。社会学者が、社会学も含めて「すべてが社会的である」という公準を立てておかずきながら、こうした説明をどうして拒否できるのか、私には理解できない。このアンガージュマンは以下の二重の知的操作を必要とする。

まずアンガージュマンには、社会学的仮説の構成を促す価値関係性というウェーバー的な「トポス」の一つが見出され（Weber 1965）、最初の操作はこれら価値や信念や、理念や確信を明確化することで、これらが社会学的歩みの根源にある。ほとんどの場合、この作業は言うまでもないものだが、はっきり述べるほうがより望ましい。もちろん一般的には悪に対する善のためであり、圧政に対して自由を求め、不公正に対して正義を求める。それゆえあまりに一般的な原理の宣言にとどまると何もしないのと同じになりかねない。

私はむしろアンガージュマンを、相互に矛盾しあう規範的原理のあいだでの決裁の問題であると考える。その点で私はサルトルよりむしろカミュの側に与する。たとえば厳密な

＊――偶像や幻想。人間の偏見や先入観、思い込みのこと。もともとは哲学者フランシス・ベーコンの、人間には四つのイドラ（種族・洞窟・市場・劇場）があるという主張による。

†――サルトル自身はこの政治参加の必然的な概念を何度も裏切った。

平等を選択することが自由を脅かすのはよく知られるところであるし、自由を選択することがその限界と規制を必要とすることもわかっている。また特定の社会問題を考察する場合に、アンガージュマンのジレンマは極度に複雑になる。生徒どうしの平等をそれぞれの個人的能力の評価とどう両立させるべきか? 文化的な差異の認識を、全体として平和に暮らすことを可能している統一性の感情とどう和解させるべきか? 諸個人の自由を、人々に相互の愛着を抱かせる連帯の義務とどう結びつけるのか? 労働における自己実現と経済的な功利性をどう組み合わせるのか? アンガージュマンに必要なことは、それぞれの問題を考察し、どういう点でそれらが研究を必要とするのかが言い当てられることであるように私には思われる。

研究それ自体は、こうした選択のたんなる変異体では決してありえないとしても、そこから完全に独立しているということにならないのは明白である。諸矛盾が消失するような地平を以下のように設定することにより、批判が「世界の外に」しばしば位置する一方で、アンガージュマンは、私たちに押しつけられるモラル上の選択肢が悲劇的な性格であることを受け入れるよう求める。その地平とはたとえば、資本主義の廃止があらゆる形態の支配を消し去り、個人的自由と普遍的調和の王国を打ち立てるだろうというような理想である。単純に言えば、私たちがあらゆる場所で勝ちを収めることはほとんどありえない。そうなると、社会生活が少しでも公正になり、耐えがたいものではなくなるようにすること、「汚れた仕事」をしながら金を稼ぐことが必要なのだ。

第二の操作として、政治参加は研究の川上からのみ降りてくるわけではなく、それがもたらす諸効果を期待して川下からも展開される。社会学が、世界の現状を究極の理想の名のもとに非難し、怒りや批判的憤りの声を上げる者として自らを提示するのか、たとえわずかにではあっても行為の能力や方向性に影響を及ぼすという公準から出発するのか、いずれを選ぶのか。これはウェーバーがまさに責任倫理と呼んだものであるが、私にとっては唯一本物の倫理であると思われるし、政治の世界では一つの決定が、芸術家にとっては一つの作品が、科学者にとっては一つの認識が、どのような「現実の」結果をもたらすのかについて自問するような倫理なのだ。科学にとって確かに信じるべき倫理をなすのは認識それ自体であり、政治参加には、社会学的認識が社会生活にもたらすものが何であるのかを自らに問うことが求められる。このことを肝に銘じておこう。

社会学的認識が社会生活に対して即座に目に見える効果をもたらすことは稀であるため、この問題はいっそう抽象的なものに思われる。しかし反対に、たいていの場合、社会学的研究は、自らが社会的行為者であると同時に、諸個人でもある研究対象と研究者との一つの関係であるため、研究は直接的にその状況に関わりをもつ。

批判的な立場はよく、行為者たちは盲目であるという公準を立てるが、政治参加はつぎのような相互関係を含んでいる。すなわち研究者が自分自身に適用しないような社会学的モデルは、他の人たちにも当てはめないことが基本的原則である。このことが意味するのは、研究者が「対象たち」に帰属させようとする行為や意図や動因の解釈モデルが自分自身にも帰属されるようなものだ、ということである。社会的行為者たちを冷笑的な功利主義者であるかそれに類するものだとみなしておきながら、知識人のほうは愛他主義を理由に科学や真理に身を捧げると自己申告する状況を想定することほど耐えがたいものはない。諸個人が全面的にシステムに規定されており、知識人はというと当然のように、他のすべての人たちを盲目にしてしまう決定論から逃れていると考えるような理論ほどひどいものはないのである。

社会学者も、研究している当の人々と「同じ種」に属しているのだから、自分自身にも当てはまるような「人間の本性」の概念や理論を採用するべきである。たとえば自由に対する信念を内在論†の幻想として非難しながら、当の批判者が自分自身の自由については疑問のかけらも表明しないようなことは、私にとって受け入れがたい。まさにこの自由があってこそ、他の人々の素朴さや幻想ややましさを非難できるというのに。自らを貴族的で突出した存在にしてくれる批判的姿勢に対して、政治参加は研究者とその対象たちとに共通の人間性への信念を対置する。対象である人々もそれほど愚かではないし、それほど疎外されているわけでもなく、研究者以上に盲目であるということもない。

しかしそれは、研究者とその研究対象とのあいだに距離が存在しないということを意味しているわけではない。もし社会学者たちが、社会的行為者が言ったり考えたりすること

---

†――internalité. ある個人が自らを自己の行為の支配者であるとみなし、自分に起こる事柄の責任を引き受けるような心理学的、文化的プロセスのこと。たとえば私が成功するのは本質的に自分のおかげであり、また自分が失敗しても自分が原因である。私自身に起こることは何であれ他人や社会に帰すことがない。

を述べたり考えたりするだけなら、社会学者はせいぜい証人であり、悪くするとエコーボックスである。行為者たちの意図や自らの行為に与える分析と、より多くの情報を有する研究者がひきだす分析のあいだには必ず距離が存在する。研究者は行為者たちがうまく理解できない、あるいははっきりととらえられないメカニズムを明るみに出したり、行為者たちが自身の観点からしかとらえることのできない行為の論理や諸関係を明らかにし、通常の社会生活では省いてしまうような一貫性を自らに課す。このように社会学者は、研究している対象たちに最も大きな共感（エンパシー）を示すとしても、その作業が「現場的な」分析から隔たっていることは言うまでもない。

政治参加が前提としているのは、こうした隔たりや誤解を受け入れることである。このことは気持ちのよいことでもなければ容易なことでもない。非行者たちも警官たちも、逸脱行動と社会的統制に関する社会学的分析の中で十分に描き出されているとはいえないし、先生と生徒が学校体験についての社会学的分析に十分賛同してくれるわけでもない。

このような隔たりは、私がトゥレーヌと社会運動を研究したときにたいへん強く感じたものだ（Touraine et al. 1978, 1980, 1981, 1982, 1984）。私たちは七〇年代の新たな社会運動に強い共感を抱き熱狂したが、フランスの労働運動のような新しくはない運動にも賛同した。しかし私たちの分析は、これらの活動家たちとのたいへん長い何度にもわたるインタビューにもとづいており、そうした人たちのイデオロギーや自己表象に密着したものではありえなかった。つまり私たちがそうした人たちの行為に与えた意味づけは、彼ら自身が付与したものではなかったのである。

まさにそこに社会学独自のものがみられる。政治参加がある種の緊張、一種の誤解として定義され、そうした誤解は消し去ることができず、つらく、しばしば痛々しいものである。一人の批判的社会学者が活動家たちの大義に賛同することを選んだとすれば、その結果、この大義はそれ自身の方向性をたどっていく。もし社会学者がこれを非難する選択をおこなった場合、この大義はそうした方向をたどることはない。政治参加は私たちを絶えず隔たりを生きるほうへと導いたのだ。

結局のところ、社会学者は二重の社会参加によって規定される。一方で社会の中に、とりわけさまざまな「大義」に巻き込まれ、研究対象となる人たちとの強い関係によってひきずられる。このことが前提とするのは、社会学者が自分自身に適用するであろうモデルだけを働かせることだ。他方で社会学者は認識活動に加わり、そのルールと制約は、社会的行為者たちが自らに付与する意味の世界から社会学者を遠ざける。参加すること、それはこのような隔たりを維持しコントロールする能力であるが、批判的ポーズはこれをなくそうとする一つのやり方である。なぜなら社会的行為者たちは盲目で耳が聞こえないことにされるからだ。

6 個人と社会はどう関係しているのか

社会学は心理学の一形態へと転換するのか？

近代性は個人主義的である

諸個人の個別性と道徳的自律性

個人的経験の社会的諸条件

個人と社会の対立は、できるだけ速やかに解消するべきテーマの一つである。社会は、多かれ少なかれ異なる個性的な諸個人からなっているだけでなく、これらの個人はすべて社会化されており、社会化される以前はどのようになっていたのかよくわからない。両者の対立はルイ・デュモン*（1983）の説明を大筋で認めるにつれ意味をなさなくなる。つまり彼は、全体論的社会と個人主義的社会を対立させた上で、近代を個人主義的であると述べたのである。じつはこうした話は社会学それ自体と同じくらい古いもので、啓蒙哲学**が暗黙の個人主義的社会学といったものにこれまた依拠していたと考えるなら、おそらくもっと古いものである。キリスト教やプラトンからの影響も無視できないとはいえ……。

だからといって、伝統的で全体論的な社会の中に個人が存在しないということを意味しているのではなく、そこでは個人が社会生活の表象の中心を占めていないということを強調しているのである。なぜなら個人の選択の幅は限られており、社会生活の多様な局面が相互にがっちりとはめ込まれていたからである。たとえば国家と宗教、家族と経済などがほとんど分離されていなかった。これに対して個人主義化した社会はこれらの空間を切り開き、宗教と国家を分離し、公的なものと私的なものとを分割した。市場を発展させ、個

*――Louis Dumont. 一九一一―一九九八。フランスの人類学者。インドのカーストなど社会階層について研究した。

**――ディドロやルソーなど一八世紀フランスの知識人たちに代表される、近代合理精神の普及をめざした哲学。

人が道徳的に完成されたものとなり、政治的正当性の源泉ともなると考えたことがとくに重要である。

はめ込まれた個人

トクヴィル*の時代から今日まで、近代性とは個人主義的であると、ほとんどの社会学者が考えている。諸個人はますます多くの選択と自由を有し、自由であることや個人でいることをますます強いられ、私たちがそうであるようにますます平等になるとトクヴィルは述べた。デュルケームは個人主義が分業から必然的に湧き出ると考えた。ウェーバーはプロテスタンティズムの倫理である個人主義を近代性の起源とみなした。その一方でジンメルは個人主義を文化の抽象化の拡大に結びつけ、都市生活での社会的交換のはかない性格に関連づけた。

しかしながら社会学の始祖たちは、個人主義の支配が避けられないものだと予告しながら、これに対してかなり両義的な関係を保っている。トクヴィルは大衆社会の勝利と新たな専制主義の脅威を描き出したし、デュルケームはアノミーとエゴイスムが社会そのものを破壊すると恐れ、ウェーバーは道具的個人主義の拡張が世界の脱宗教化をすすめ、プロテスタントの倫理がまるでスポーツのような反射運動になると考えた。ジンメルは「文化の悲劇」を描き出し、その中で個人的経験と集合的生活とがだんだん分離するとみなした。

　これらの脅威に対して社会学的伝統の側は、社会の中に「はめ込まれた」個人という概念を練り上げた。すなわち個人とは社会の産物であり、社会が個人に期待するものを自由で自律したやり方によって遂行するように社会化される。要するに個人はいっそう自律的で自らの主であればあるほど、いっそう強く社会化され、普遍的原理に愛着を示し、社会的規範を内面化し、社会の中で効果的に自己を方向づけられるようになり、個人として自己をとらえ、つまりは自らの行為の作者となるのである。デュルケーム、タルコット・パーソンズ**、ノルベルト・エリアス***、そしてある意味ではジョージ・ハーバート・ミード****が、自らを主体とみなす個人という表象を展開したのだが、個人は他者からの期待よりも

* ――Alexis de Tocqueville. 一八〇五―一八五九。フランスの政治家、政治思想家。

自らの内面によって導かれるがゆえに主体なのである。自らの感情や判断に自信をもった個人であり、自分自身について反省することができ、たんなる社会的な恥ずかしさから隠れていた罪責感へと置き代わる場合に自分自身のことを説明することができる。

　個人主義の問題にこうした解決を与えることによって生じるリスクは、個人がまるで幻影のように思われることである。期待されていることを遂行するように個人はプログラムされているようにみえるのだ。この立場は、批判的社会学によって果てまで推し進められ、とくにフーコーは、個人的主体とはある種の必然的なフィクションであり、支配と権力を媒介する幽霊のようなものだと主張するにいたった。そして過度に社会化されると、個人は危機的状況、つまり内面化されたコードがそぐわない状況でしか登場しないとみなされる。この場合に、個人は空虚で武装解除したものでしかなくなるリスクをはらんでいる。

　しかし、これほど簡単に個人をお払い箱にするわけにはいかない。それぞれの社会学者が進んで自らを一人の個人とみなし、個人という「虚構」がしっかりした皮膚をもっているという事実につきあたるかぎり、個人を守り通すのだ。何人かの社会学者にとって、フランスではベルナール・ライール*****（2004）がこれに当たるが、個人は存在している。それは、個人の中に結晶化する社会化の過程の個別性が個人を生むからである。

私たちは個人である。なぜなら私たちは個別であり、私たち一人一人が特殊な歴史、特別な社会化の産物だからだ。統計上の平均や単純な因果性の背後に、複雑な因果性と配分が隠されている。私たちは望遠鏡を捨てて顕微鏡を手にし、個人的な特異性の社会学を本当につくり出すことができる。各自が他のものではなく、どうしてそのようになったのかを説明することで、社会学的心理学を打ち立てるのだ。

それはまさに古典的社会学を延命させる一つのやり方である。尺度の取り替えという

＊＊――Talcott Parsons. 一九〇二―一九七九。構造機能主義を打ち立て、社会システムを図式的に分析するという方法で一時代を築いたアメリカの社会学者。

＊＊＊――Norbert Elias. 一八九七―一九九〇。ドイツの社会学者。歴史研究から社会構造のパターンの解明を試みた。

＊＊＊＊――George Herbert Mead. 一八六三―一九三一。アメリカの哲学者、社会心理学者。シカゴ学派社会学の草分けの一人。

＊＊＊＊＊――Bernard Lahir. 一九六三―。現代フランスの社会学者。ブルデューの後継者と目されるが、文化的実践では階層より個人による多様性を重視。

ゲームで、とりあえずブルデュー版の古典的社会学を引きのばすことができる。個人が社会の中にはめ込まれているというモデルにとどまったままで、ミクロな歴史をつくり出しながら社会学をおこなうのである。

はめ込みからの脱出

はめ込まれた個人というモデルからの脱出は、つぎの相反する二つのやり方で生み出される。まず第一は拡張された功利主義への回帰であり、自分のもつ資源や情報のレベルにしたがって自己の利益の最大化をおこなう合理的主体という心的人間像が、個人の社会学的説明の中心に据えられる。功利主義が経済的な財だけをめざすのではなく、権力や象徴的財および社会的資本や関係といったいわゆる社会的な財もめざすということを認める。ジェームズ・サミュエル・コールマン*（1990）が擁護するような、古典的経済学モデルの拡張であり、もっと広く言えば、合理的選択の理論すべてがこれに当てはまる。

その場合、アダム・スミスを読み直すことになるのだが、『道徳感情論』が『国富論』

に劣らず基礎的な文献であり、その道徳的な補完となっていることが示される。この場合、個人がまず第一であるが、それはある種の抽象的な存在で、知的なロボットのようなものであり、その認知心理学的分析がさまざまな行為の理解に到達しようと努める。

今日、この種の理論的ファミリーが最も影響力があり最も創造的であるものの一つであることは無視できない。なぜなら高度な一般性のレベルと洗練され公式化されたモデルの構築を結びつけるからだ。ヤン・エルスター**（2007）はこのタイプの説明を見事に展開し、また近年のノーベル経済学賞のいくつかは、このモデルを発展させて厳密な経済学の領域を越えようとしてきた。

しかし、社会学は心理学の特別な一亜種ではないのではと自問するとき、このような個人主義がおそらく問題となるわけではない。おそらくそこで考えられているのは個人主義

---

*——James Samuel Coleman. 一九二六—一九九五。アメリカの社会学者。合理的選択理論をベースに社会学の体系化に取り組んだ。

**——Jon Elster. 一九四〇—。ノルウェー出身の社会学者、政治学者。合理的選択理論の担い手。

的位置をはっきりと占めているフランスの社会学者たちで、たとえばダリロ・マルトュセリ*（2002）やフランソワ・ド・サングリー**（2005）である。両者の概念はまったく同一というわけではないとしても、以下のように要約できる一定の数の命題を共有している。

まず第一の命題は、古くから蔑視の対象となってきた個人主義を断固として擁護することである。個人は利己主義的で功利主義者にすぎないものではない。一個の道徳的主体として自らを支配し、他者と結びつき、愛他的になることもできる。社会が宗教や政治的ユートピアを通して間接的に善についての共通原理を定義することがもはやできない時代に、諸個人の特異性や道徳的自律性を認識することは一つの「ヒューマニズム」であり、個人がうちたてられる諸条件について自ら問うことにより追求すべき理想である。

第二に、このような原理を主張することは、個人が社会の中に完全にはめ込まれている状態から脱出するという事実によってさらに強化される。つまり、いかなる個人も社会的諸条件に還元されないし、されてはならないという事実によってである。このことは経験的観察であるとともに研究の枠組みでもある。すなわち伝統的な社会的統制や諸制度の重みが衰えていくとき、諸個人がどのように形成されるのかを知らねばならない。行為を指令するのはもはや諸構造ではなく、社会を「つくり出す」のは諸個人とその相互関係である。感情の経済と「ともに自由であり」たいと願う諸個人のあいだの調整に依拠する近代の家族のケースほどこれを雄弁に物語るものはない（Singly 2000）。

第三の要素は、諸個人が社会的真空の中に構築されるのではなく、一連の関係、すなわち職業経験や家族、恋愛といったものを通して構築されることにある。これらは個人の完成を促すこともあればそれを破壊することもある（Martuccelli 2006）。この場合、良い社会とは受け入れることのできる試練を生み出す社会であり、諸個人がこれを乗り越えることを可能にしてくれるような社会である。

以上三つの公準が、諸個人の主観と親密さを基軸とした社会学の実践をもたらす。たとえば恋愛の物語はどのようにして形成されるのか？　カップルで生きるとはどのようなこ

＊——Danilo Martuccelli. 一九六四—。フランスの社会学者、パリ大学教授。郊外問題をはじめ、デュベとの共著も多い。

＊＊——François de Singly. 一九四八—。フランスの社会学者、パリ大学教授。家族や夫婦関係などが専門。

とか？　どのように子育てするか？　どのように病気を乗り越え、どうやって死に向きあうのか？　これらすべてのテーマから、この社会学は心理学と類縁性があるとみなされている。宗教と心理学が「ケア」や道徳的な導き手の役割を担うとするなら、社会学はそれらと絡みあいながら、ある種の社会的な心理学を提起する。これは個人をつくり上げるための試練を課し、同時にそれを乗り越えさせる手助けとなることを狙っている。

社会学の再帰性は、全体としての社会を基軸とするよりも諸個人そのものを中心に据え、諸個人の主観性が社会的な自己構築とみなされるのである。したがって社会学者は、どちらかというとこれまで沈黙を守ってきた以下の諸問題に自ら参加することになる。恋愛感情、世代間の関係、セクシュアリティ、養子縁組などである。これらの感覚からかなり距離のあったトゥレーヌ（1992）のような社会学者が類似した結論に至るのを目にすると、自らの権利やアイデンティティの名のもとに行動する個人主体の実現が、今日では、社会生活をバラバラにし、暴力を生み、不平等をまき散らす共同体の諸力や経済の力に対する抵抗の原動力であることがわかる。

認識論的観点から個人主義の公準——個人が最も明白なリアリティであるということ—

——を認め、また規範的な観点からも——個人の完遂が道徳的に善であるという——この公準が受け入れられるなら、こうした社会学の変節を喜ばしく思うべきである。多かれ少なかれ皮肉なことに、メニー・グレゴワール*やフランソワーズ・ドルト**の提起する、内面から発せられるものが何かを社会学者たちが学んでいたとき、そうした要請は恋愛や家族やエステなどを専門に扱う雑誌に徐々にあらわれてきたのである。

今日ではこれだけがすべてではなく、いく人かの哲学者たちが、どうすれば幸せになれるかといったテーマで成功を収め、社会学者も〔社会問題を論じるよりも〕自身の体験を赤裸々に語ったりして共感を得ている。このことは社会生活全般が個人の中で享受されるという信念とまったく矛盾しないのである。

しかしながら、すでに来た道であるが、社会がたんなるお飾りになってしまってはなら

*——Menie Grégoire. 一九一九—。フランスのジャーナリスト、女流作家。ラジオ番組でセクシュアリティに関するリスナー相談に答える中で、精神分析学の普及にも貢献した。

**——Françoise Dolto. 一九〇八—一九八八。フランスの精神分析家、専門は子どもの精神分析。医師業のかたわら、ラジオの育児相談で一躍有名になった。

ない。私たちはウッディー・アレンも社会的叙事詩や悲劇のような映画も好きで、しかもこちらはより深刻であればあるほど好きなのだ。

個人と社会的経験

私はこれらの感受性に自分が近いと感じており、つまりそれは唯一可能な道徳的政治的地平、普遍的でありうる地平としての、個人が個人でいる権利への愛着に近いと思っている。良き社会を定義することはもはやできないので、人々はつねに、諸個人にとって良い社会とはどんなものかを考えようと試みている。しかし個人そのものについて考察するよりむしろ、個人が形成され、活動し、自らについて考えることを可能にする社会的諸条件がどのようなものかを理解しようと試みるほうが好ましい。この任務をうまく遂行するために最も簡単なことは、まずそれがうまくおこなわれていない場所へ行って、どうなっているのかを見ることである。

まさにこのような理由から、私はいくつかの社会的経験、つまり郊外地区の若者たちや中学生、高校生あるいは教育者や健康に携わる人々の経験を調べ、これらの人々が自分の活動をどう組み立てて自分の状況をどのように生きるか、そのやり方を一つ一つ解明しようと試みた（Dubet 1987, 1991, 2002; Dubet, Martuccelli 1996）。それらの社会的経験を、社会の「機能と逆機能」やこれらの人々にのしかかるさまざまな制約全体によって説明するよりも、人々が自己の状況をどのように感じ取り、自己の行為に自らどのような説明を与えるのかに私は関心を抱いた。諸個人が存在しているという仮説を立てた場合、これら諸個人を取り巻く諸条件の総計よりはるかに多くのものから個人が成り立つことを認めなければならないのだから、いっそう関心をもったのである。

少し理論的なスタイルをとった総合的な内容の著作（Dubet 1994）において私は、社会的経験の概念について多少とも一般的な説明を与えようと試みた。手短に説明すると、個人の観点から見て社会的経験は一連の試練および条件づけるものとしてあらわれ、同時に行為と主観性を強いるものとしてもあらわれる。

諸個人はつぎの三つの大きなメカニズムによって「条件づけられ」、「決定され」、「拘束される」。まず個人は自らのアイデンティティや社会的地位を選ぶことができず、与えられる。そしてたいていの場合、諸個人はそれらを脅かすものに対してこれを守ろうと努める。それから行為者は数多くの市場の中で活動し、そこからさまざまな利益をひき出そうとする。しかしまさにこの活動の論理はまた、物質的、社会的、象徴的な資源の不平等な配分によってたいへん強く制約されている。最後に諸個人は、自分自身の生活の主体となりうる能力についての象徴的な表象から出発して自らのことを考える。それは文化や芸術や宗教やメディアによって個人に与えられるもので、自己を自ら支配し実現することについてのあらゆるイメージからなっている。

これら多様なメカニズムがたいへん強く相互にはめ込まれているような場合、個人は古典的社会学のやり方そのもののように社会的な人物としてあらわれる。つまりその主観性や人間性は強く社会的に枠づけられている。私の一般仮説によれば、今の時代はもはやそうではなく、個人を構成している多様な制約と条件づけのシステムが相互に区別されはっきりと分離している。主体化のイメージと主体であることの命令とが増大し多様になるに従って、共同体と市場が分離した。人生に成功しなければならず、いろいろな計画をもち、自分の仕事や恋愛生活に打ち込まなければならない。動機を抱かなければならないがだまされやすくてはいけない。結局は自分を、自らの生活や自己の創作者として自覚しなければならない。一人の個人であり主体でなければならないのだ。

包括的な一貫性のシステムが壊れたがゆえに、私たちは自ら活動し自らの社会的経験を打ち立てるように強いられている。したがって私たちは全面的に社会的で、たいていの場合、全面的に決定もされている。すなわち決定の諸メカニズムの異質性が私たちに、自身の経験や主観性を自ら構築し直すよう強いるのだ。社会的経験は社会によって構築されるが、自身の形成の試練として生み出される。それは全面的に社会的であると同時に、全面的に個人的なものである。

私のさまざまな研究は、確かに社会生活の最も安楽な領域に関わっていない。人が「成功」だとみなす個人的経験の生成条件が社会的にどう配分されるかは、とくに不平等となっている。驚くほどのことではないが、これを私は早くから明らかにしてきた。社会的統合の諸形態はより強固で正当であったり、そうでないこともあり、利用可能な資源はより濃密で効果的であることもそうでないこともあり、主体に関する象徴的表象への距離により深みがあったりそうでなかったりする。

そこでたとえば郊外地区の若者たちの「ガレー船*」はまず、当人たちによって人格的破壊の一形態として生きられ、さらに一つの脅威として生きられる。これに対し若者たちは都市の反乱や暴動の際に、アイデンティティを研ぎ澄ませて「怒れる」者となることで答えようとする。若者たちは「社会に反抗する」主体として自らをつくり上げるか、あるいは共同体や宗教的創造物、あるいは成功への強迫の中へと退却する。

これにくらべればずっと苛酷でない学校のような世界では、生徒がやはり一つの経験をつくり出すよう強いられ、その基本的な賭け金は自分たちの勉学に意味を与えることである。ここでもやはり成功に到達する者と「敗者」とのあいだのさまざまな不平等が重くのしかかる。敗者は学校をいつまでも続く辱めとして生き、そこを終えるときには後味の悪い撤退としてしか感じられない。

教育や健康に携わる専門家たちやソーシャルワーカーたちは他者への働きかけを職務としており、文脈や条件に応じて、個人としてこれらの若者や生徒をつくり出したり、彼および彼女らの脅威となったりする活動に主観的に関わらざるをえない。

私の一般仮説によれば、他者への働きかけを責務とする制度を運営し、人間関係の枠づけをおこなったり権威を基礎づけたりする象徴的なシステムは、もはやうまくいかない(Dubet 2002a)。そうなるとこれら職業上の経験が本末転倒してしまう。つまり他者を動機づけようとすると、人格が役割より前に出てきて、まず自分自身が動機をもたなければならず、活動にコミットする義務を自らつくり出さねばならない。それは主体の英雄化としてしばしば当人を高揚させたり、時には疲弊させたりすることは、こうした人たちの疲労やストレスや燃え尽きに関する研究が示すところである。

個人的経験の社会的諸条件

それはおそらく私の気質のためなのか、たぶんの世代の違いが理由なのか、時に私は個人の内密なものが公的にさらされるのを前にしてある種の当惑を覚える。こういうことを

*——本来はローマ時代に奴隷を使って漕がせた船のことだが、デュベの著書(1987)のタイトルに用いられ、郊外地区に暮らす若者たちの閉塞状況をあらわす。

専門にやる雑誌やテレビ番組のある種のスタイルが私を不快にする。社会学がある種の「心理学」へと向かって発展することを私は了解しているものの、そのことをとても居心地良く感じているわけではない。この件について社会学のほうがいつでも心理学や小説や映画より多くを語るものかどうか自問することもある。

その結果私は、「個人主義者」の同僚たちとはっきり自分を区別することになる。なぜかといえば個人そのものにはそれほど関心がなく、それがどのように形成され、どう行動するかに関心があるからだ。この場合、諸制度の働き、社会的支配、政治的表象のメカニズム、さまざまな社会的不平等、諸文化のあつれき、不公正の感情などなどが決定的な役割を果たしている。今日、私たちは一つの緊張状態あるいは根本的な「矛盾」の中にいる、と私には思われる。一方で自分自身の経験の主体であることの義務が絶えず強化されている。他方では文化的社会的諸条件のためにこうした命令を実現することがますます困難となっているからで、とくに中流上流階級の世界、つまり私たちの生活を支配する多様な競争の勝者からはみ出るやいなや難しくなるのだ。

こうした試練に直面すると、どちらかというと保守的な思考は、右派でも左派でも同じだが、個人主義を幻想として非難し、古き時代の統合されていて安定していたとみなされる秩序に帰ろうと示唆する。このシナリオは私にとって不可能だし、望ましいものでもないと思われる。反対に私たちは主体や個人が形成される諸条件を真摯に問い直す必要がある。逆説的なことにそれは、個人から距離をおいて社会へと戻ることを要請する。「行為者の回帰」を体験した後、おそらく今度は「社会の回帰」を目撃することになるが、それは有機的なシステムとしての大文字の社会ではなくて、まったく単純に生きられるものとしての社会生活の諸形態からなる構成物である。

　個人の形成そのものが今日では、矛盾しあう以下の諸力によって脅かされていることを私たちはよく知っている。まずは、二〇〇八年の危機が示した通り、誰にももはやコントロールできないと思われる市場、それは突如として大衆全体を空虚と貧困の中に陥れて放置し、一方でたんなる投機によって途方もない財産をつくり出す。もう一方には宗教的あるいは「人種的」な共同体が再構築されて相互に争ったり、それぞれ個人に対して戦いを挑む。ポピュリスムがあちこちで流行の風に乗り、ソフトファシズムめいたものを形成し、改良主義的な左派思想は行き詰まる……。もちろんいろいろな社会運動が、分解に向かうこれらの諸力に抵抗しているが、私は社会学もまた社会生活の再構築の諸条件を考察するうえで一つの役割を果たすと確信している。それこそまさに最も古い、そして根本的な社会学の任務であり、それを放棄することなど私には考えられない。社会学はたとえ個人主義の名のもとにであれ、この仕事を果たさなければならないのだ。

7
社会的正義と社会的不公正

この問題に関心をもつ理由が一つならずある
最初の経験としての不公正
正義の諸原則間の競合
公正な社会とはどのようなものか？

あれかこれかのテーマについて考察するという選択をおこなう理由は、ほとんどがあとづけで再構成されるとはいえ、社会的正義、というよりむしろ社会的不公正に対する私の関心はいくつかの政治的関心から生まれている。ここでいう政治的とは、限定された党派的な意味で解してはならない。ほとんどの人がそうであるように、私たちがきわめて「活動的な」社会に生きていることははっきりしている。つまり闘争や抗議、争いと危機が満ちており、これらの闘争のどれもがかつての産業社会における労働運動のようにすべての人々にスクラムを組ませることはないとしてもだ。

不平等は変化し、ますます拡大する以上にずっと、さまざまな不平等が増えていく。私たちは、個人主義と共同体への誘惑とのあいだで、緊張をはらんだ社会の中に生きていることがわかる。同時に、誰もが言う通り、私たちは一緒に一つの状況を生きなければならないのだが、現状ではそれがますます「自然な」ことではなくなりつつある。かつて近代的で民主主義的な国民国家の形成時に、国家をある意味で理論化し、また神学化したのは古典的社会学だったが、その頃可能だと考えられていたことと正反対である。こうした合意の形成は、かつてと同様今日でも枢要な課題であり、いわゆるグローバル化がヨーロッパの近代的な社会の古い諸形態を吹き飛ばそうとしている今日のほうが、おそらくはいっそう重要である。

こうした合意の構築、つまり利害やアイデンティティの争いにもかかわらず平和に一緒に暮らすにはどうすればよいかについては、さまざまな道がある。アメリカ人たちがコミュニティ主義とよんだ哲学的感性にとっては、政治的社会的妥協が共通の諸価値や文化的アイデンティティの承認に関する合意を形成し、これによって諸個人に一貫性を与え、民主主義的生活にしっかりした道徳、ある種の美徳を与えることができる。単純化して言えば、これらコミュニティ主義者たちは「善の優位性」という言葉で物事を考えているが、文化的に同質で社会的に秩序立っていた国民国家の古きコンセンサスはもはや効果を失っている。

そのほかでは、たとえばハーバマスが多少「イギリス流」とも言えるイメージの「憲法制度愛国主義」のテーマを展開し、紛争や不一致が制度的諸メカニズムそのものへの民主主義的な深い愛着や、理性的に議論する手続きと権利と能力そのものに関する合意によって乗り越えられるとした。広い意味で、社会を維持するのはまさに政治である。

また最後にもう一つとして、ジョン・ロールズ*の系統に属する人たちが「正義の優位性」を主張する。これは善についてのさまざまな定義がほとんど両立しがたいということを認める、ヒュームから派生した功利主義的でリベラルな伝統に属する。そして潜在的な社会契約が政治的ゲームに先立って存在するはずだと想定する。この概念によれば、正義の諸原理についての足し引きに関し合意が可能であり、社会的地位は偶然に割りふられたものとして無視すればよいことになる。

これら三つの合意はいずれも同様の重大さで提起され、とくに正義の優位性は、諸文化の両立性を左右する合意の問題を尽くしていないことは明白である。しかし私が出発するのはこの問題からであり、なぜなら社会的正義の諸概念が副次的な役割を演じるどころではなくて、しかも社会的不平等の概念が、現実に存在する不平等の反映ではない、つまり客観的に測定しようと試みている不平等の反映でないがゆえにいっそう正義というものが重要であることは明らかだからである。

たとえばアメリカ人たちのあいだでは、社会的不平等が自分たちの国では大きすぎると考える人は、フランスやスウェーデンの人々より少ないが、これらの社会はおそらくアメリカにくらべて不平等がほとんど半分にもならないのだ（Dubet, Duru-Bellat, Vérétout 2010）。アメリカ人がバカで疎外されていると考えるのでもないかぎり、そしてヨーロッパの人たちがとくに物知りで不満が多いということでもないかぎり、社会的な正義と不公正の概念

＊——John Rawls. 一九二一—二〇〇二。アメリカの政治哲学者。『正義論』で有名。

はこの二つの世界で同一ではないということを考えておかなければならない。

もっと直接に政治的で実践的なやり方に関して言うと、一九九九年に私は国民教育省から中学校改革案を作成するよう求められた（Dubet 1999; Dubet, Duru-Bellat 2000）。この短期間の経験についてはのちに触れるつもりである。私が社会学的ないくつかのもっとも理由から、そして広い意味では当時の雰囲気に反して、全員同一の中学校教育の原則を守るという立場を選択したということを述べておけばここでは十分であろう。つまり一六歳までは共通の学業を修めるべきだと主張することで、系列や成績別クラス、そういう原則にもとづいて中学校にふさわしくないと判断される生徒たちを厄介払いしたいという隠れた声に反対したのである。

「知識や能力の共通の台座」となるべきものを守り弁護したことで、私は社会的公正のさまざまな議論に首を突っ込んでいき、選別の位置づけや学業提供の性格づけ、行為者たちに委ねられる自由などに関し、社会的公正の用語で議論を組み立てなければならなくなった。共通中学の考えが学業提供の諸方式のうちでより不公正でないこと、そしておそらくは学校システムにとってより効率的であることを証明しようと試みたのである。

社会学的諸理由

私は不公正の感情に関心を抱いていた。公正であるかどうかを生徒たちが極端に心配している様子を「発見」したからである。生徒たちは、履修コースや教育機関のあいだの学業上の格差についてとても正確な感覚をもっていた。それは軽蔑の上下関係の中で体験されていた。他方で生徒たちは、自分の長所と成績上の自分の価値とのあいだで強い緊張を感じ取っており、若者らしい仲間意識が強いため平等というものに愛着を抱いており、元来矛盾しあう二つの性質を学校や教師に期待している。つまり本来的に不平等な長所・欠点への応報と、すべての生徒たちの根本的な平等性の維持である。結局生徒たちは、平等性が個別性やそれぞれの人格の承認に影響しないという保証を求めており、つまりそれぞれが自分自身である権利が認められることを求めていた。

以上すべてのことは、普通思われているほどありきたりなことではない。学校経験が規範的で道徳的な、つまり政治的な側面をもっているということがはっきりすればするほどそうなのである。学業修得や努力、そして成功の不平等は、規範的で道徳的な言葉ですぐに解釈される。

それゆえ不公正の感覚に関する社会学は、どのような名前で呼ぼうと、社会的経験そのものの道徳的、規範的あるいは倫理的な側面を研究する。確かに、たとえひどく漠然としたやり方であれ、公正な社会とはどのようなものか一般に述べることができないとしても、その反対に、何が不公正と思われるのかを言うことは完全に可能である。このような意味で、不公正の経験が最初にある。さらにこのテーマは文学上もみられ、たとえばジャン＝ジャック・ルソー*やジャン・ジュネ**にみられるし、社会学者でもたとえばバリントン・ムーア***の素晴らしい著書にみられる。

私たちの誰もが不公正だと思うものを述べることができるだけでなく、不公正だと考えたものがなぜ不公正なのかを言うこともできる。この結果、もし人にたずねられれば、公正さのどのような原則にもとづいて、これこれの行為や状況が不公正であるのかを言うことができるのだ。その人の文化的資本がどのようなものであれ、こう言うだろう。「これは不公正だ、なぜなら……」と。リュック・ボルタンスキ****とロラン・テヴノ*****（1991）の用いたカテゴリーを使うなら、一般性の増進と公正さの砦への言及が「自然な」規範的活動であり、ジャン・ピアジェ******とローレンス・コールバーグ*******を信じるなら、子どもたちも含めてすべての人たちに与えられていると思われる意味において「自然」なのだ。

以上の観察は、社会批判に関心をもつならたいへん重要性がある。突出した批判的観点を選ぶよりもむしろ、社会的行為者による批判がどのようにつくり出されるかを理解する

---

*——Jean-Jacques Rousseau. 一七一二―一七七八。社会契約論で有名な一八世紀フランスの思想家。『人間不平等起源論』(1755) を唱えた。

**——Jean Genet. 一九一〇―一九八六。フランスの作家、詩人。ベトナム反戦運動やアメリカの黒人自治に関わった政治活動家でもあった。

***——Barrington Moore. 一九一三―二〇〇五。アメリカの社会学者。日本では未訳だが『不平等論』(1978) を著している。

****——Luc Boltanski. 一九四〇―。現代フランスを代表する社会学者の一人。

*****——Laurent Thévenot. 一九四九―。現代フランスの社会学者。ボルタンスキとの共同研究がある。

******——Jean Piaget. 一八九六―一九八〇。スイスの心理学者。子どもの遊びに関する研究で有名。二〇世紀の発達心理学をリードした。

*******——Lawrence Kohlberg. 一九二七―一九八七。アメリカの心理学者。道徳性発達理論の提唱者。

ほうがよい。人々にたずね、その言葉を聞く労苦をいとわなければ、何も付け加える必要がないくらい、諸個人が十分に批判的であることを容易に感じ取ることができる。つまり最もきつい仕事に就き最も給与の低い生産労働者たちは搾取されていることを知っているし、女性やマイノリティたちは差別を受けていることを知っており、一般的にいえば、諸個人には不満を述べたり社会的不公正を批判する理由がいくらでもあるのだ。しかもどのような立場を占めていようと、そうなのである。

さらに、人々が不平を言うだけであったとしても、どのような正義の原則にもとづいて、どのような理想やどのような価値の名のもとに不平を言う理由があるのかを自覚している。批判は組み立てられ、練り上げられ、時には洗練されるが、誰でも「哲学者」のように振る舞い、社会的不公正についての自らの経験から出発して、不公正についての潜在的な理論を展開する。人々によって用いられる公正さの原則はすべての人たちに共通で、ある種の共有された自明さ、第一原理として強制力をもつ。といっても全員のあいだに一つの合意があるという意味ではなく——それぞれ異なった利害と社会的地位を有している——、不公正への批判という言葉で行為者たちは同じ語彙や文法を用いるのだ。同じ文章をつづらなくても同じことを言わなくても、同じ言葉を使っているのである。

労働における不公正の感覚について経験的な研究をおこなったところ、不公正の感覚について共通した言葉遣いが明らかにされた（Dubet, avec Caillet, Cortéséro, Mélo, Rault 2006）。労働者たちはこうむっている不公正を批判する場合に、公正さについてつぎの三つの原理を用いる。平等、能力、そして自律性である。人々は平等に扱われたいと望み、自分たちの能力が認められることを願い、労働の中で自らの能力を生かす権利を主張する。もちろんこれらの共通原則は労働の諸経験に応じてたいへん異なったやり方で用いられるが、万人の基本的平等を主張する文化的雰囲気の中でつねに役割を果たしているのは同一の諸原則なのだ。

社会的不平等が存在しているにもかかわらず、各自の労働や努力や才能は報われなければならないと心から考えられており、労働が人格的な実現の支えとなることが期待されている。ただし労働が、あまりに行き過ぎと感じられるほどの不平等を生み出すとなると、自分の長所が認められていないという感情をもつようになり、自身の労働や疲労や日課やストレスなどによって自分が破壊されていると感じることもある。これらの直接的な経験を描き出してみるとすぐにわかることだが、私たちはそのときすでに公正さの原則にもとづいた批判的活動の中に入り込んでいるのである。

不公正感についての経験的研究がもたらす利点は、諸個人がまるで哲学者たちのように説明をしてくれるとはいうものの、哲学者ぶった議論の一貫性や総合的見地を気にしていないことから生じる。人々の観点からは、訴えかけようとする公正の諸原則に相互に矛盾があるように思われている。いつの日か平等が完全に実現すれば、それぞれの特異性を誇張しすぎる不平等や、自律性をつくり出している各自の長所が消し去られるかもしれない。それと同様に、この長所の開花が平等を打ち消し、各自の能力という基準に服従している自律性と対立することになるかもしれない。最後には自律性の王国が完全なる自由の名のもとに、平等や各自の能力を破壊するだろう。社会批判は数多くの側面で展開されるが決して落ち着くことはなく、汲みつくせない批判の輪舞によって諸個人が圧倒される。なぜなら人々は相互に矛盾した諸原理をつねに結びつけなければならず、しかも公正さの諸原則に愛着をもっているからだ。

公正さの諸原理の相互矛盾として示されるものは、社会的経験の規範的なダイナミズムの核心部分に位置しており、無視することのできないつぎのような実践的効果を生んでいる。まず共通の言葉遣いにもかかわらず、批判的な合意を明確にすることはかなり難しい。つぎにこの相互矛盾は批判と行為のあいだに一定の距離を生み出す。この点を説明しよう。

平等の観点から見て公正であると思われる大義が、各自の能力や自律性の点からは不公正であるとみなされる場合がある。たとえば質問を受けた労働者たちは断固として失業を非難する。だからといって、失業者に対しつねに寛大だというわけではない。なぜなら能力という観点からみて、労働者たちは失業者にしばしば疑いの目を向け、期待される努力を払っていないのではないかと考えるし、自律性の観点からは扶助に頼っているとの非難をしばしばおこなう。能力が認められないことによる不公正さに対して戦いを挑むことがあっても、この場合、それほど能力がないと思われる人々に対する連帯の欠如は明白である。それに加えて、一般的に言えば、能力を信じれば信じるほど、社会的不公正が行き過ぎていると感じるものなのだ（Dubet, Duru-Bellat, Vérétou 2010）。

それゆえ批判から集合的行動への連続した原理というものは存在しない。しかも動員がなされるには、以下の特別な条件が満たされていることが前提である。つまり連帯感、とりわけ行動を起こす相手となる社会的な一つの敵が同定されていることだ。こうした条件が必要であるだけにいっそう連続性は存在しないことになる。

さて、経済的な意思決定をおこなう経営トップが、労働の実際の組織から離れ、微妙で時に先のみえないマネジメントという形で権威の力が弱まるにつれ、現代の資本主義は顔のない、そして行為者がいないようにみえる支配をおこなう。つまり経営者は、人々が思い描くような場所には決していないのだ。

しかもその上、労働者たちは、自分がこうむっている不公正の原因を経営者に対してではなく、同僚たちや顧客や利用者に振り向ける。この場合、自分の同僚や顧客や、自分が面倒をみている生徒たち、あるいは病人たちに向けてどうやって労働者は集団として自らを奮い立たせるのか？　しかし安心なこともある。批判と行動の距離が大きくなると、社会生活が沈黙の苦しみでいっぱいというだけでなく、ストライキや不況や抗議や反抗で満たされていくのだ。

公正な社会とは？

以上のように公正の諸原則による相互矛盾について観察をおこなったので、公正な社会とは何かを述べるのは幻想であると思われることが理解されよう。さもないと良識を一種の素朴さに結びつけてしまったり、多少の誇張が入ってしまうことは避けられない。公正な社会とはどういうものかを述べることがこれほど難しいのは、公正であるということがいくつもの異なった公正さの原則を結びあわせたものであり、時にそれらは対立しあうからである。しかし、これらの原則それぞれは互いを補完しあう上で必要なものなのだ。たとえば個人の能力は、私たちが基本的に平等で、同等に自由であることを前提としている。このような理由から、完全なる公正さとは言わないまでも、受け入れることのできるあるいは容認できる不平等とはどれほどのものかを知ろうとする思いがわいてくるのは良いことである。それはただ一つの公正さの原則だけを重視するよりもいいことだし、理念の天空にいつまでもとどまっていることになるとしてもだ。

こうした選択は同時に、「責任の倫理」やすでに述べたような政治参加にもとづいている。実際に、社会的公正についての考察があたかも社会階級や諸社会集団やいろいろな政治的モデルに関わらないかのようにするわけにはいかない。つまり私たちはそれがもたらす結果を考慮に入れねばならないし、何が可能であるかという空間の中に位置せざるをえない。たとえそこにエレガンスや偉大さが欠けているとしてもだ。

私は、中学校改革に関する私の著作から派生した学校における公正さについての短いエッセーの中で（Dubet 2004）、公正な学校とはどのようなものかを明確にしようと試みた。ただし「ほかの条件がすべて同じだ」とした上であるが、つまりそれは、ここで問題となっていることの大半を消し去ってくれるような根本的な社会的革命があらかじめ起きることはないとした上での話である。私はアプリオリに、最も弱者である生徒たちの利害という観点に身をおいており、その弱さの大半が学校に先立つ社会的不平等に依拠していることを知っての上である。

しかし学業上の不平等という問題の大きさは社会的不平等の射程を正確に反映したものではなく、一定の行為の余地がある。それゆえ私はみんなが同じことを学ぶ共通のコースを設けてはどうかと提案した。つまりほとんどコース選択のない教育を中学校の終わりまでおこなうというものである。この教育の目標は共通の文化という言葉で説明されるもので、社会はすべての生徒たちにそれを提供する義務があるということをはっきり主張したものであった。たとえ以後の生徒たちの学業がどのようなものであれ。

このことが意味するのは、中学校が高校普通科教育の第一段階として定義されるのをやめ、中学校自体が目的となることで、この共通の文化が職業および技術上の文化という要素を含んでいて、職業教育への方向づけが挫折に対するサンクション*とはもはや感じられないようにするためである。学校が提供する教育はすべての施設において同一の質となるよう確保されなければならず、今日の状況はそれとは隔たっている。義務教育が終わると各自の長所が重要となることは当然であるが――それが実際にどうなっていてどう測定するのかについてさまざまな疑問があるとしても――競争が残酷であると同時にいかさまで

*「懲罰」と訳されることもあるが、ある行為に対する社会からの制裁ないし褒償のこと(ベンサム、パーソンズ)であり、原義はむしろ「賞罰」に近い。

あるというのは正常ではない。

そこで私が提案したのは、いわゆる非エリートコースで提供される教育の質をかなり向上させることで、エリート的といわれるコースの文化的、社会的力をそぐことであった。この平等性が確保されていないと教育の質や恩恵についてのイメージが左右され、過度で屈辱的な不平等へと変化するのだ。私は教育システム内部での移動の自由を広げようと示唆し、とくに現状よりも諸個人を受け入れやすく、もっと諸個人を気にかけるような学校をつくり上げたいと思った。

これらの提案はたいへん控え目なもののように思われた。しかし繰り返される日課と学校世界の教員という職務上のこだわりがもつ強い力がわかってみると、とくに学校をめぐって渦巻く社会的利害の重みを理解すると、子どもたちの未来がかかっているのはまさに学校であるため、これらの提案が賛成よりはるかに多くの反対を引き起こすのを私は確信したのである。

もう一つの短いエッセーの中で私は、もう少し広い視野から見る試みをおこない、フランス社会における不平等というものが、一般的な意味あいのものから別のものへと移行しつつあることを強調した（Dubet 2010）。たいへん長いあいだ、私たちは地位の平等という言葉で説明をおこなってきた。つまり社会的地位のあいだの不平等を減らすことが重要だったのである。とくにそれは社会階級間の不平等であり、これを労働運動や税の再分配、そして福祉国家により減じることが問題となった。

だが公正さに関するこのような概念は、今や汲みつくされてしまったように思われる。それは団体主義を明確化したが、両性間や文化的マイノリティとマジョリティのあいだや世代間の不平等を見ておらず、また階級間の平等化を維持するには経済的にますます負担が大きくなるだろう。

フランスでは数年前から、またアングロ＝サクソン諸国ではずいぶん前から、機会の平等というモデルが主流となってきている。公正さに関するこのような概念においては、社会的不平等がまず差別といった言葉で定義され、恵まれない階級の社会移動を妨げる不公正な障害について語られ、とくに差別を受ける性的および文化的な諸グループが問題となる。こうした枠組みの中では生活諸条件の不平等に対してよりも、最も望ましい地位にアクセスするための社会的競争の公平さに働きかけることが求められる。

原理上こうしたモデルはほとんど非難を受けないものだが、つぎのような不公正で予見できない結果をもたらすことがある。つまり勝者と敗者の隔たりが強調されすぎて、エリート志向が強まる一方で、チャンスをつかみ損ねた犠牲者が非難を浴びる。各様にアドバンテージをもたらすはずのいろいろなアイデンティティが実体化されすぎ、エリートのいなくなった庶民というカテゴリーが弱体化して、「ハンディ」だらけになったり、犠牲者のあいだで競争が生じ不平等が分断化されるなどである。

私のエッセーは、地位の平等を優先するという結論で終わったのだが、枯渇した一つのモデルを擁護するためというより、これを革新するためである。事実上は、社会が最も大きな社会移動を保証し、それゆえ機会の平等を保証するのは、地位の最も広範な平等をめざすためであるということをやはり思い出しておこう。

これら二つのエッセーは、公共社会学に参加することを試みた介入のための著作である。短いテキストであるが、しっかりとした情報にもとづいて、社会学的かつ政治的な一つのテーゼを擁護しようとした。経験的研究から論理的に導かれた厳密な結果であると言うつもりはないが、そこからたいへん強い刺激を得ており、公的な議論に影響を及ぼしたかった。有名なスイユ社の「観念の共和国」*という重要で有名な叢書に入ったのだから、社会学の有用性という言葉で自問したのは、それがいったいどうなるのかを知ることであった。これらの仕事すべてが何に値するのか、書くということの楽しみや個人的な満足感を越えた何かの役に立つのか？

*――フランスのスイユ社から出版されているシリーズものの著作。二〇〇二年より歴史家ピエール・ロザンヴァロンらが発起人となり、資本主義、民主主義といったテーマが広く論じられている。

8
社会学者は誰と向きあっているのか

社会学は専門家だけのものではない
社会学とメディアの複雑な関係
公開討論で社会学はどんな役割を果たすのか？

社会学者の研究成果は、とても多様な知的「市場」や読者層に向けて発表され、時に反響を呼ぶことになる。まずせまい意味での市場には、専門の学術雑誌がある。それは選り抜かれた論文だけが掲載されるもので、アカデミックな業績を積む上で必要なものでもある。出版部数は数百冊程度で、読者数は最大でも数千人にしかならない。こうした出版物は、厳密な科学的議論の場を形成する上で不可欠のものだが、社会学の場合は、研究者たちの最新の研究成果を反映したものというよりはむしろ、若手研究者たちがキャリアを積み重ねていく上で必要な、自己の存在を認めてもらう場の一つになっているようにもみえる。ただ、いくつかの論文は、せまい内輪の研究者サークルから飛び出して、出版の何年か後に「素晴らしいキャリア」を歩んでいることもある。

社会学者の二つ目の市場となるのは、学術書である。専門書の色あいがやや薄まった、教養ある一般読者に向けて書かれる本で、読者数はだいたい平均して数千人が見込まれる。この市場には、『ル・デバ』、『エスプリ』、『レ・タン・モデルヌ』、『ポリティクス』といった思想系の討論雑誌も含まれている。ここでもまた、いくつかの論考や記事が、非常に大きな反響を長期間にわたって呼びおこすことがある。たとえばブルデューやロベール・カステル*、フーコーといった人々の、きわめて高度な著作がそうだったように……。しかしながら、平均的な出版部数の少なさから判断すれば、おそらく出版の危機が最も深刻なのはこの市場だろう。

最後に、第三の市場としてあげられるのは、ベストセラーや新聞、つまり一般大衆層である。その中で社会学は、文学やエッセー、政治批評などに近いものになっていく。たぶ

*——Robert Castel. 一九三三—二〇一三。現代フランスを代表する社会学者の一人。

んこれに第四の市場、新聞や雑誌の社説や論説、ラジオやテレビへのレギュラー出演といったものも加味しておかねばならないだろう。また、あまり目立たないが、やや小さめで確実な市場として、教科書や学生向けの参考書といったジャンルもある。さらにつけ加えるなら、電子媒体のようなものもあり、そのおかげで研究者たちは、自分で出版広告を手がけることさえできるようになった。要するに、社会学者の市場には、広いものとせまいもの、停滞したものと変化の激しいものとがあるといえる。これらのカテゴリーをクロスさせ、タイプ分けをすることも容易だろう。

結局問題は、こうした市場が社会学の著作を求めているかどうかを知ることであり、その社会的インパクトを見極めることだ。学術的なせまい市場はここでは例外としよう。専門の学術雑誌では、研究成果の発表に関する制約や戸口の開かれ具合が、かなり明確にされている――どのようなスタイルで書くべきか、読者はどういった人々で、どのくらいの数いるのかといったことが、あらかじめわかっている。

だが他の市場も同じようにはっきりしているようには、私には思えない。いったい誰が、ブルデューの『遺産相続者たち』がベストセラーになるなどと予測しただろうか?

(Masson 2001) あのような専門的な論文が政治や経済の意思決定者たちに影響を与えると、いったい誰が考えただろうか？ 他方で、多くの一般読者の心をつかむよう計画して出版されたはずの書籍の大半が、数千部程度までの売上げにとどまるのを私は知っている。言いかえると、市場や出版の戦略が存在するからといって、そのことは必ずしもその戦略が効果的であることを意味しないのである。ある本が売れたのは、出版計画が良かったからだとか、あるいは逆にまるで反響がなかった場合には、その著者が高潔で禁欲的で地味な戦略をとったからだとか、そうした教訓はたいてい、事後的に出てくる結果論なのである。私がここで話しているのはもちろん、成功を約束された著作、たとえばジャック・アタリ、*アラン・マンク、**ミシェル・オンフレー***といったメディアの寵児たちの、真に商業的な著

＊——Jacques Attali. 一九四三—。現代フランスの経済学者、思想家。ミッテラン政権下の大統領補佐官でもあった。
＊＊——Alain Minc. 一九四九—。現代フランスの経済学者、作家。サルコジ政権でブレーンを務めた。
＊＊＊——Michel Onfray. 一九五九—。現代フランスの哲学者。二〇〇〇年代にテレビ（France2）の討論番組に出演し、ジャック・アタリらと論戦を張った。

作のことではない。あれは「不公正な商業的競争」のようなものであって、この章のテーマからは外れている。

ともあれ論文や本というものは、ひとたび書かれて出版されれば、著者の手をはなれて一人歩きしはじめるものだという点は、認めたほうがよさそうである。本を世に出して、もしも誰にもかえりみられなければ、著者は不当にも無視されたと感じる。かといって広く読まれれば、この成功は何かの誤解の上に成り立っているのではないかと感じたりする。確かに後者のほうがどちらかといえば気分のよいシナリオではあるが、いずれにせよ出版後のことは、ほとんど予測不可能なのである。

選ぶのはメディア

そのようにして発表される社会学の研究成果と読者たちのあいだには、仲介役が存在する。各種メディアがそれにあたるのだが、メディアは社会科学においては、しばしば教養から遠い世界として描かれている。目の前の問題にすぐ目を奪われるとか、あるいは有名人たちや視聴率、いい見世物になるものにしか興味がないと考えられていたりする。しかし私の経験からすれば、いつもそうとは限らない。とんでもない。大勢のジャーナリストたちは必死に本を読んで勉強しているし、いろいろと制約がある中で、社会学の学術雑誌に載るようなどこか型にはまった書評論文よりも、よほど優れた記事を書くことも多い。それに、有名新聞に載った記事が、一冊の本の命運を決めてしまうこともある。一般に私たちはジャーナリストたちの言うことをあまり鵜呑みにはしないが、それでも担当分野の知識にきわめて長けた、「優れた」ジャーナリストとして知られている者もいる。

たとえばフランス・キュルチュール*というラジオ局のジャーナリストの多くは、しっかりと時間をとって予習して、その上で本の著者と気のきいた会話をする。仮にフランス・キュルチュールの聴取率が低くなる一時間を取り出してみたとしても、そこには何十万人

*――France Culture. ラジオ・フランス（Radio France）が運営する公営ラジオ・チャンネル（パリでは93.5MHz）。文化・芸術、ニュース、クラシック音楽、社会科学などに特化した番組を流している。

というリスナーがいるのである。このようなラジオ局やそこで社会科学を擁護する人々を守るべきだ。商業的で一般向けのラジオ局にも、ときどき社会科学のちょっとした話をする「すきま帯」があらわれてくることはある。ただ結局のところ、もしも生真面目な社会学者が著名な知識人になれたとしたら、それはその人の本を読み、話を聞き、そしてプロモーションしてくれたジャーナリストたちの存在のおかげなのである。

こんなことを言うと、何を楽天的なことを、と思われるかもしれない。確かにこれは、わりとメディアに良くしてもらっている一人の社会学者の印象にすぎない。ただ、そこではある種の人づきあいの論理がはたらくことも事実だ。たとえば、新聞や雑誌上の論評や意見記事に目を通していれば、時がたつにつれて、その書き手であるジャーナリストたちと知りあいになっていくものなのだ。こういった出会い方は、以前にくらべて難しくなっているかもしれない。あまりにたくさんの本が出版されるようになったからである。本の売上げはあまりぱっとせず、メディアが本の紹介のために割くスペースも全体的に縮小している。とくに社会科学の本に関してはそうである。

テレビという媒体は、私の知るかぎりではかなり事情が違っている。そこではとにかく時間がなく、議論は「ヒステリック化」する。視聴者はいつでもチャンネルを切り変えてしまう可能性があり、そのせいかテレビではすべてが単純に進行する。まるで一度に一つの意見だけ、しかもわかりやすい意見だけしか述べてはいけないかのようだ。そして、あたかもつねに議論を急ぐ必要があるかのように、話の細かいニュアンスは無視されて、わかりやすい賛成派と反対派の対立図式へと単純化されてしまう。テレビにおける三分間というのは、相当長い時間なのである。しかも、インタビューを受ける出演者は、「受け答えがスムーズ」、「外見がいい」、「声がいい」、対応の速さといった、あらゆる「コミュニケーション」の能力を考慮して選ばれるのだ。ひとことで言えば、出演者に親しみの感情を抱かせるラジオにくらべて、テレビのやり方はあまり気分のよいものではない。まさにそこに本当の問題があるのである。

このゲームあるいはメディアの論理を、社会学者は受け入れるべきなのだろうか？ あるいは、かつてブルデューがそうするのを許されていたように、ゲームを受け入れつつも、出演時間、画面構成や撮り方にまで口を出し、さらに番組自体からショー的要素を排するといった条件をつけるべきなのだろうか？ 個人的には、どこまでも立ち入ってあらゆる条件を思いのままにすべきとは思わない。人には話し相手を選ぶ権利がある。自分自身や自分が代表者として出演することになる学問分野にとって、不名誉となるような討論を拒否する権利もある。テレビでは、収録スタジオの興奮した雰囲気の中で、みな真剣に討論するふりをしている。だが最後には、ある種当たり前の結論へと落ち着いていく。そうしたことの引き立て役になるのを拒否してもよいのである。

そのようなわけで、社会学者に、討論で社会学の存在感を示してほしい、でも、あまり似つかわしくない場には出ないでほしいと要求するのは、かなり無理があることなのだ。テレビや一般聴衆向けのラジオが、コレージュ・ド・フランス*のような場になるのを期待しないのであれば、学者たちの学術的な言葉遣いというせまい芝生から外へ出ていかざるをえない。私は何も、シンプルに語ることが、公開討論や社会学にとって悪いことだとは思わない。そうすることで、気になっている何かのアイディアに集中したり、ジャーナリストたちに、私たちは必ずしもあなた方と同じ言葉で問題提起するわけではないと、伝えたりすることもできるだろう。社会学は少なくとも、コミュニケーション空間が一つではなく複数あることを、学ばせるものでなくてはならない。それらはそれぞれ異なったルールや慣習で動いており、その点は軽視されるべきではないのである。

雑誌や「おカタい」ラジオ局、およびテレビやいくつかの討論番組とはまた別に、新しくジャーナリズムの実践として発達しつつあるものがある。それはその道の「専門家」にたずねるという方法である。新聞は、難しい調査取材を自分たちの手で、なおかつきわめて短期間におこなうのではなく、むしろ事件や出来事についての記述と専門家のコメントを並べるような記事を書くようになった。こうしたやり方が発達したのは、記事執筆に関わる作業のほとんどの部分が、もうジャーナリストたち自身を専門家に育てていくような役割を果たさなくなったからである。

もう一つ、メディアにはさまざまな事象を「社会学化」するような傾向もある。つまり、ある事件や出来事を、現代社会の何か重大な動きのあらわれと考えるような傾向がみられる。だから社会学者に発言を求めてくるのである。私はこういったやり方に対しては、最大級の警戒心を抱いている。それはべつに日々のさまざまな出来事に大した意味はない、

*――パリにある国立の高等教育機関。講義は公開で、一般の人々も受講可能となっている。

といった理由からではない。個々の事件や出来事は、まったくもって個別的な事象なのであって、社会学者がコメントできることなどほとんど何もないからである。とくに、この傾向がモラル十字軍*の性質を帯びると、もはや完全に手に負えなくなる。

一例をあげよう。学校では今、深刻ないじめ問題が起きているというが、正確にはどうだろうか？　テレビのニュースは反響を呼び、雑誌にはいじめの不安に満ちた記事が載り、政治家は対策を立て、組合は資金を要求し、極右は移民を非難し……。いじめに関してもっといろいろなことが語られて、そうして学校という学校がすべて、いじめで荒廃した場所であるかのように思われてしまうのだ。二週間もたてば翌年まで静かになるのだが、毎年のように、学校が、郊外が、そして学生たちが時事問題の前線に復帰したとたん、きまって私の電話が鳴るのである。

ここにもまた困難がある。社会学が無視されていると不満をこぼすこともできなければ、せっかくメディアがこっちを向いてくれているときに、コメントを拒否することも難しいからだ。ルールはいたって単純だと思う。こちらの意図をゆがめようとするメディアや、まったく共感をおぼえないメディアの取材は拒否してよい。自分が受けたインタビューがどういう記事になったか、出版前にチェックさせてくれと求めてもいい。ジャーナリストたちがいかに時間に縛られているとはいえ、電子メールのおかげでそうしたことも可能になっている。あとは、誰も知らないようなことについてもコメントを断ったほうがいいだろう。ジャーナリストたちは、自分の知っている社会学者たちの知識や能力の及ぶ範囲を、つねに過大評価してしまっているのだ。

自分の研究室や机を離れてメディアとの対話におもむくというのは、独自のルールをもった別世界に足を踏み入れるのを承諾するということである。そうせざるをえないのだ。社会学が役に立つものであってほしいと望むなら、そして、学者や学生たち、興味のある少数の人たち以外にも、社会学の本が広く読まれてほしい、声を届けたいと望むなら、そのことは避けられない。だからこそ、自分の入っていく世界での慣行ややり方については、知っておいたほうがいいのだ。いずれにせよそうした慣行は、自分が今身をおいている業

＊――モラル（道徳）を盾にとって、自分たちが正しくあなた方は間違っているという、一方的かつ独善的な態度をとること。

界内部のそれにくらべて、必ずしもひどいものとは限らないのである。

公的な場での発言

社会学と公衆との関係は、研究者たちよりもメディアによってコントロールされている。ただそれでも、公的な場での発言のやり方のようなものはあって、これは社会学者の側に管理が委ねられている。それにしても、フランスの知識人が公開討論で発言する姿は、かなり奇妙なものだ。そこで課される職務というのは、教育や風紀良俗の問題、中東情勢といったものから、サッカーのフランス代表チームのこと、神について、そしてもちろん「知識人の沈黙」に至るまで、ほとんどすべての話題に関して豊富に意見を述べることなのである。もっと月並みなことで、自分がある程度の専門知識をもっている分野のことであれば、討論会形式でも自分から話題に入っていくことができる。自分で主導権を握ることもあるし、新聞などのメディアの側がそれを要求することもある。

私も何度か、この種の公に向けた発言をしている。白状しておかねばならないが、そうした発言の心理的動機はたいてい政治に対する憤りである。多くの場合、私は何か特権を与えられたような、あるいは良い機会にめぐまれたような気分になって、この種の発言がどういったインパクトをもつかについては何も考えていなかったりした。ごくまれに、いくつかの発言が、活動家たちや労働組合、関連団体に引用されたこともあった。そうなると人は、自分が何かの役に立ったと思ってしまう。

私がよく覚えているのは、リベラシオン紙に書いた、統一コレージュ制度*の廃止に反対する記事のことだ。あのときは大臣の一人から反応があり、何度か政府要人や労働組合の人々とも会った。他にも集団での発言のようなものもある。これは政治によりダイレクトに訴えかける活動であって、いっそう新しい討論の場を切り拓くことができるだろう。たとえば、私たちが二〇〇九年に仲間たちと一緒にやったのは、ルモンド紙に声明文を発表

*——le collège unique. 一九七五年の教育改革で導入された制度。かつてのフランスでは、中等教育の早期から職種別のコース分岐と職業訓練的な準備教育が始まっていたが、それを遅らせ、中学校（コレージュ）においては統一的な教育カリキュラムを導入した。

するというものだった。「大学を再建する」というそのマニフェストには、何千人もの教員＝研究者たちの署名が入っていた。

たとえ自分が専門知識をもつ領域に関して、「専門家の知識人」としての発言に努めてみたとしても、それ以前にこれは政治的なゲームなのであり、そこで私たちが手にする制御権は比較的弱い。エミール・ゾラ*の「我、弾劾す」のような立派な記事を、毎日書けるわけでもない。知識人のポジションというのは今日、大学数が増加したこともあり、以前よりやや開かれたものになっている。そして、この種の発言がだんだんありふれたものとなって、しまいには無意味になるといったこともありえないことではない。

最近、大きな週刊誌はブログを開設していて、インターネット利用者たちと直接の意見交換がなされている。二〇〇七年に、ル・ヌーヴェル・オブセルヴァトゥール誌**が、私にこうしたブログの一つをまかせたいともちかけてきた。私はそれを、教育問題を語る場所にしようとした。だが数週間後には音を上げてしまった。時間的にかなり拘束される仕事だったこともあるが、それだけではなく、この形式の直接民主制が、私には何やら恐ろしいものにみえてきたのである。もちろん、理知的でマナーを守った議論がいい雰囲気で始まることもある。しかし私が感じたのは、ブログというものが、ルサンチマンや憎悪の噴出、匿名性の蓑に隠れた個人攻撃の流れに認可を与えてしまう媒体だということだった。もちろん人種差別や外国人差別、同性愛嫌悪的な発言といった法律が禁じている投稿はブロックされるのだが、ブロガーたちの一部が生活を捧げるこういった不健全な世界に、人々が囚われているようにも感じるのである。これは何も、述べられた意見が「本物」っぽくて個人的体験にもとづいているとか、受け入れやすくまた尊敬できる意見だとか、そうした理由でこうなってしまうのではない。おそらくこれは世代による感覚の違いによるもので、私はもう歳をとりすぎているのだ！

私は断然、何かの団体（児童生徒の親たち、非宗教的な団体、職業団体、労働組合、クラブなど）

＊――Émile Zola. 一八四〇―一九〇二。一九世紀フランスを代表する作家。ドレフュス事件の際、スパイ容疑で逮捕されたドレフュス大尉を擁護し、軍部の不正と虚偽を批判した記事「我、弾劾す」を新聞紙上で発表（一八九八）。ゾラは亡命を余儀なくされたものの、大尉は再審が確定し後に無罪となった。

＊＊――一九六四年発刊のフランスの週刊誌。政治、経済、時事問題、文化・芸術などを扱う。

からの申し出に応じることのほうを好む。そうした人々は自分たちが関心をもっている問題、とくに教育問題について話を聞きたいといって、私を招待してくれる。私は力の及ぶ範囲で、できるかぎりそれをひきうける。そして、使い古された常套句とは逆に、「普通の人たち」の中にも議論や討論に対する深い要求が存在しているのをみて、いつもよい意味で驚かされるのである。

こうした出会いは私にとっても、社会学を実践するもう一つの機会となる。というのは、聴衆は質問しながら私にインタビューしていると思うかもしれないが、私の側でも、人々の質問や話を聞きながら、そしてその反応をみながら、インタビューをおこなっているからだ。私が、社会学が何かの役に立っているという感情を本当に抱くのは、まさにこうした公民館の一室で、何十人かの人々と一緒に過ごしているときなのである。

こうした出会いは、ただ社会学を「普及させる」方法であるばかりではない。それはまた、『なぜ社会学者は信用されないのか？』（Dubet 2002b）を理解する助けとなる。社会に関する「高尚な」知識と、活動家たちの知識とのあいだに距離があるのは、イデオロギー上の疎外の問題でも、たんなる文化資本のせいでもない。人々が社会学者の言うことを信じないのは、主として、社会学の言うことが人々の社会的な経験と合致しないからだ。

さらに言えば、それは良識や視点の問題でもある。教員たちに、教育の大衆化のおかげで学力レベルは向上している、あるいは昔にくらべて向上したということを、どうやって説得力をもって伝えたらいいだろうか？　教員たちはクラスルームという現場で、大衆化のせいで以前よりも劣った生徒たちに直面させられており、教育レベルはむしろ下がったと感じている。しかしながら、これはどの立場からものを眺めているかの違いであり、しかも両者の言うことは矛盾していないのだ。あるいは、人々が社会的格差が非常に大きくなってきたと感じているところへ、それは言われているほどには広がっていないのだと、どう説得したらいいだろうか。原因はむしろ格差を判断する基準そのもののほうが変容して、一般の民衆を含み込むくらいにまで拡大してきたことにあるのだ、といったことを、どうやって説明したらいいのだろうか？

政治的活動

政治的決定がおこなわれる世界に入っていくとか、その助言役をひきうけるなどして、知識と活動とのあいだのギャップを乗り越えるというやり方はあるだろう。私は、どの政治組織のメンバーにも属していないが、それでも左派への共感から、短い期間だがそうした役目を演じたこともある。

クロード・アレーグル教育相*に、中学校の教育改革案を提示するよう求められたときのことだ。たぶん当時の私があまりにお人好しだったからだろう。社会学者になることは無益ではないとはいえ、政治の論理は社会学の論理とはまったく別の性質のものだと思い知らされた。フェアで、合理的で、実現可能な改革案をつくるだけでは、政治運動家や労働組合を納得させ、合意をとりつけるには不十分だったのである。

政治の世界は、そうした言葉によって成り立ってはいなかった。政治的決定はゲームの帰結としてある。そのゲームは、合理的選択理論で想定されているほど合理的ではない。

決定に当たっては情勢や力関係がまず考慮され、また、これはぜひ言っておかねばならないが、意思決定者たちの個人的な性格が、そこで主要な役割を果たすのである。決定的な優位を築くためには、ささいな点については目をつぶって切り捨てることのできる人物でなくてはならないし、人間関係のネットワークや、意見の受け止められ方を大事にする性格でないといけない。個人的な対立や友情関係にも気を配り、二枚舌を使って政治的な「かけひき」ができるような人柄を備えていなくてはならない。それが政治家という職業なのであって、こうした意味で政治家たちは、多かれ少なかれ才能をもちあわせている。

ここで社会学者はゲームから一歩身を引いて、われ関せずの態度に終始する。やがて罠にかけられたと感じ、すねてしまい、辞任を願い出る。私が二〇一〇年に、社会経済科学の改革計画に関わるある委員会を辞したのも、そうした理由によるものだった。こうして社会学者は、今度は自分自身でひとりの政治運動家になる。なぜなら、政治的ゲームはき

＊——地質学・地球科学者で、一九九七年から二〇〇〇年にかけて教育大臣をつとめた（社会党内閣、リオネル・ジョスパン首相）。

わめてエキサイティングなものだからだ。そのことはよくよく認めておかなくてはならない。強い情熱と関心に満ちていて、味方からも敵からも即座にリアクションが飛んでくる。冷めてのんびりした研究の世界から、スピーディで熱い世界へと移りたくなる。しかし、こういったケースでは、よく知られているように、社会学者はだんだん社会学者ではなくなっていくのだ。いちばん賢いのは、あまりに長い期間、政治活動をひきずらないことである。あるいはもう、スパッと職種変更を受け入れて政治家になるしかない。

こんなことを言うと驚かれるかもしれないが、そうした転身もさほど不健全というわけではない。民主主義のシステムの内部では、専門家たち、あるいはもっと広く言って知識人たちは、それにふさわしい政治的地位を与えられていないからである。逆に言うと、政治家たちは自分たちの責任をもっとしっかりとってほしいものだ。たとえば、政治家が専門家や社会学者をあまりに頻繁に呼び出すのは、時に責任逃れをするためなのである。つまり、ある政策決定がなされるときに、それが政治によってではなく、ただ科学の命じるままにおこなわれたのだと、人々に思い込ませるためなのだ。科学者たちの決定が、政治家たちの決定よりも優れていて賢明であるなどということを証明してくれるものは何もない。だから、ここはジャンルを明確に分けて考えたほうがよいはずである。

政党が、選挙や政策綱領の準備にとりかかるときには、専門家たちやシンクタンクが集められる。シンクタンクには数多くの経済学者、法学者、政治学者や社会学者がいる。もし社会科学があくまで役に立つものであるべきだと信じられているなら、これは議論の余地もなく良いことだし、確かにシンクタンクはしばしば良質の調査報告を発表する。だが、ここでもやはり、科学と行動とのあいだの距離は、期待されているほど縮まっていないように思う。選挙が近づくにつれて政治の論理の比重は大きくなり、有権者のことを意識するようになり、その提言も、どこかぼんやりとした、時には専門家の目から見て裏切られたと感じるような、民衆煽動的なものとなっていく。このようなことは、私も教育改革に関わったときに何度も経験がある。誰かの気にさわってはいけないとか、有力者たちに喜ばれるようにしなくてはといった欲望が、改革の意志を麻痺させ、「すべて、どんなことでも」約束するようになってしまう。もう一度言うが、科学と行動とは結びついているとはいえ、本質的に同じものではないことを認めるべきである。

結論を述べよう。社会科学は、討論の言葉や社会運動の言葉を用いながら思考をすすめ、そうして政治的にも社会的にも一定の役割を演じるが、この役割は社会科学の側からは、ほとんど制御できないものである。ただ、メディアや政治の世界が変容してくれるのを待つよりは、私たちは自分たちのことを振り返ってみるべきなのだろう。もし私たちが、自分たちの職業世界をもっとうまく組織化し、まとまりのあるものに変えていけたなら、そしてもし私たちが今よりもっと強固な制度に支えられて、理数系の精密科学でときどきなされるような「意見」の表明がちゃんとできるようになったなら、私たちの影響力もおそらく、もう少しうまく与えることができるのかもしれない。

繰り返しになるが、社会科学に関する教育は、すべての市民の基礎教育の一部となるべきだと思うし、また社会生活に、その前にまず人々の意見に、何らかの影響を与える力をもった人々について言えば、このことは職業文化の一部でもあるべきだろう。そうすれば、社会学のみならず、民主主義が勝利するのは確実なのである。

9

私が歩んできた道

ある程度は一貫し、ある程度は移り気で社会学的介入

「連帯」のポーランド、初期の郊外暴動、教育

知識人のスタイルと理論的「可視性」

私が専門家として歩んできた道のりは、そこそこの一貫性をもったものだったと考えることはできる。ただ、一つ確かなことは、最初から狙ってそうなったわけではないということだ。六〇年代の終わり頃、私はマルクス主義や革命的思想に傾倒していたし、当時はそうであることが当然だと考えられていた。しかし、今思えば知的にも政治的にも、私はそれほど大きく揺り動かされたわけではなかった。もちろん、私の着想の仕方や社会学的

構想の立て方は変化したが、考え方に根本的な変化や断絶はなかったと思う。もっとも、今は自分の書いたものを読み返している時間がないので、私の錯覚かもしれないが。

他方、私は研究者人生の中で、自分の研究対象を何度も、しかも、かなり根本的に変更してきた。研究テーマに関して私は相当移り気なのである。何十年もかけて同じ対象を追いつづける同僚たちに、不満を覚えたり感嘆の念を抱いたりすることはない。労働、家族、若者、教育といったテーマをずっと研究する者もある。あるいは一人の著作家について重箱の隅をつつくような研究をして、聖書注解学者のようになっている者もある。

そうした研究の存在は私にとってありがたい。その成果をたっぷり利用させてもらっているからだ。しかし、自分にはそういった揺るぎない仕事は無理だと思う。本当のことを言えば、私は早々と飽きて退屈になってしまうのではないかと心配しているのだ。というのは、何か一つの研究対象について、もう十分に研究したとか、十分な資料を読んだとかいった感覚を抱いてしまった途端、能率低下の法則が容赦なく適用されるからである。

新事実の発見はどんどん減っていくし、人々に勇気を与えすべてを塗り替えるような画期的なアイディアも見当たらなくなっていく。研究で最も楽しいことは、他の人はともかく、何といっても自分にとって新たな発見があることなのだ。さらに言えば、教員＝研究者という立場はすばらしい自由を与えてくれるものであって、それを享受しないなどということは私には考えられない。自分のことを手短に振り返ってみたが、さて、研究対象を変えたことについて、どうやって社会学的に説明したものだろうか？

研究の歴史と社会の歴史

最初にあったのは状況と偶然である。若くして父親となった私は、仕事を探していた。そんなときにある教授が、ボルドー郊外の防犯グループが社会学者を一人探していると教えてくれた。もしあの日、街角で教授とばったり出会わなかったら、私は今日このように、みなさんからの質問に答えているかどうかわからない。そのくらい本当に仕事を必要としていたのである。

そのグループに参加してすぐに、私は博士論文の執筆にとりかかった。テーマは、庶民階層の若者たちの将来的な就職計画がいかにして立てられるかについてであり、これはケースワーカーたちの関心を集めていたテーマだった。私は博士号を取得し、論文を一つ『フランス社会学評論』に発表した。ケースワーカーたちに社会学を教えるという経験もできた。そうして私はやがて大学助手となり、それから准教授になった。七〇年代初頭の状況、つまり学生数が爆発的に増えて教員が不足していたという、ごくまれな好条件が私に味方した。大学にポストを得たときに、応募者は確か私一人だけだったと思う。

こうしてみると、私はきわめてめぐまれた世代に属している。学校教育の大衆化と、六〇年代の経済成長の恩恵を受けたのだから。私がもっと年老いていれば、大学教員となる道はずっとせまかっただろうし、逆に若かったなら、より激しい競争にさらされていただろう。

最初はほんの退屈しのぎのつもりだったのだが、高等研究院の授業に顔を出してみることにした。当時の大学の大いに自由な雰囲気がそうさせたのである。私はトゥレーヌのゼミに出席して、南フランスのオクシタン（オック語復興）運動について楽しく学んだ。こうした運動は当時、運動家のブドウ栽培者たちがオクシタンと名乗っていた関係で重要視されつつあったと思う。この関心は、私自身の家系のルーツが南仏にあることと無縁ではなかった。あるいは、悪い言葉と見下されていた幼い頃の田舎方言を救い出したいというひそかな願望もあった。ちょうどトゥレーヌは、その頃形成されつつあった新たな社会運動についての研究チームをつくろうとしていたところで、だから私は、当時「郷土愛主義者」と呼ばれていた運動の担い手だと思われたのかもしれない。

実際、私をのみ込んだのはトゥレーヌの一連の研究計画だった。一九七六年から八二年にかけて、私たちは五つの研究をおこなった。あれほど熱心で刺激的な研究をしたことはない。というのは、私たちは†社会学的介入という、おそろしく手間のかかる方法論を打ち立てたからである。まず活動家グループを養成して、それを敵対者や仲間たちと向きあわせる。また、その長期にわたる議論を分析し、分析結果を行為者自身に示して、そこから生まれる反応をみるのである。

研究というものに、あまり軽やかなイメージを抱いてはいけない。私たちは何千キロも移動し、何十人という人にコンタクトをとり、そのうちいく人かが条件を受け入れてくれて、そのようにしてようやく、議論を録音させてもらったり転記したりすることができたのだ。こうした人々のために食料を買いに行ったこともある。十分に食べてもらう必要があったからだ……。それから、誰か他人と一緒に研究をするときの注意点も覚えないといけない。分野の第一人者として有名な社会学者と仕事をする場合でも、家庭生活や個人的意見は守らねばならない。私たちはやがて、予言者のように人々をあやつるような研究をやっているのではないかと疑われるようになった。そこで、新しい社会運動の登場を心待ちにしてつくられる仮説と、分析対象となる実際の闘争とのあいだには距離やズレがあるはずだと思って、とくにそれをはっきりさせようとした。

一番の成功例は、いや、これは必ずしも理論的に最も興味深い例ではないかもしれないのだが、一九八一年にポーランドでおこなった、「連帯」（ソリダルノシュチュ）についての研究である。私の知るかぎりでは、これは西ヨーロッパの社会学者が共産圏でおこなった最初の研究であって、「連帯」のメンバーによる支援やブロニスワフ・ゲレメク*をはじめ

†――CADIS（社会学的介入・分析センター）の研究チームは、トゥレーヌ、ズザ・エジェドュス、ミシェル・ヴィヴィオルカと私で構成されていた。

*――Bronisław Geremek. 一九三二―二〇〇八。ポーランドの歴史家、政治家。

とする知識人たちの協力を受けてはじめて実現したものだ。

一九八一年一二月にクーデターが起こるのだが、それまでの数カ月のあいだ、私は歴史がつくられていく様子を目撃しているような思いだった。私たちは、グダニスク、カトヴィツェ、ワルシャワの労働者団体と協力しながら、日々起こる出来事に密着した。人々は労働組合の自治権や民主制、国家独立をもとめて戦っていた。ソビエトが介入し、軍人統治を押しつけてくるまでのあいだ、「連帯」は、こうした下からの要求を相互に結びつけるという機能をうまく果たしていた。労働運動はこのとき敗れはしたが、労働者の離反というかたちで共産主義の死亡証明書にサインし、長いあいだ望まれていた政治体制がついに実現されることになったのである。

そうしてフランスに戻った後、私は虚しさを覚えるのを禁じえなかった。左派はもう、社会を改革するというよりは管理する側になっていた。新しい社会運動も、少しは社会的に認知されるようになっていたが、何事も起こっていないようにみえた。ただ、大衆社会だけは根本的に変わっていた。つまり労働者たちの闘争集団が、脱産業化の動きによって、そして共産主義の理想が衰弱したことによって、壊滅してしまったのである。

私が思うに、社会学は人々の関心に訴えるものでなくてはならないし、だから私が研究しようと立案したのは、社会変動の「隠れた」側面に関してだった。ベルナール・フランク、アディル・ジャズーリ、ディディエ・ラペロニや、あと何人かの若手世代の研究者たちと一緒に、私は庶民的な郊外の若者たちを研究することにした。時おり初期の郊外暴動の話も聞かれたし、とくにリヨン近郊のマンゲット地区ではそうだった。私たちは三年間、郊外を「かけずりまわった」。この研究が斬新だった点は、社会学的介入の手法を、活動家たちとはまったく逆の、マージナルで弱い存在とみなされている人々に適用したことにある。

若者たちの行動を説明したければ、ふりそそぐ非難や失業問題といった、郊外の若者たちが今おかれている客観的状況を記述すれば、それで十分ではないかと考える向きもある。だが私たちが選んだのは、若者たちやその地域の住民たちに、じっくりと時間をかけて聞き取りをおこなうという方法だった。私たちの目的は、若者たちの文化について記述することではなく、ある社会的経験がどうやって形成されるかについて理解することだった。

それがうまくいくかどうかは、実質的には、共産主義色の強かった古いタイプの郊外が崩壊していく場面にうまく立ち会えるかどうかにかかっていた。あるいは若者たちのおかれた、「ガレー船」の奴隷たちのようにつらい状況において形成される新しい社会問題の姿を、または社会的に排除され支配され、政治的に認知されず、意見表明すらできずに「激怒している」行為者の出現を、きっちり描き出すことができるかどうかにかかっていた。じつは私は、「ガレー船」のようなつらい状況におかれた若者たちと庶民階層とは、一九世紀半ばの「危険な階級」と「勤労階級」のような関係にあるのではないかという仮説を立てていたのだが、そこで最も決定的な支配力を発揮していたのは、反乱と無力感とが繰り返されるという時間的サイクルだった。

抗議運動、つまり平等を求め、反人種差別をかかげるデモ行進のようなものも、およそそのようにして構成されていたのである。それは「黒人、白人、アラブ人」(black, blanc, beur)の同盟*において、社会的・人種的分断(セグリゲーション)が残っていることについて暴露と告発をおこなうものだった。この時期以来、郊外の若者たちを取り巻く状況はいちじるしく悪化していった。いまだに反乱の中から、組織だった抗議行動が生まれてくるのが待たれている。

すでに述べたように、私は、もちろん郊外の若者というテーマが重要だと認識してはいたが、この研究が反響を呼び起こし、私を一つの研究対象に閉じ込めてしまうことを心配していた。そうして選んだ新しいテーマは、教育だった。「ガレー船」がつくられていくに当たって、中心的な役割を果たしているのは学校であるように私には思われた。そればかりではなく、社会運動の領域から離れて個人的経験へと接近していく中で、社会学的介入の手法はきわめて有効であると思い知らされたのである。ボルドー第二大学の社会学科長をひきうけた時期に、ある研究プロジェクトが偶然舞い込んで、新しく研究所（LAPSAC：社会問題・集合行為分析センター）を設立した。オリヴィエ・クザン、ジャン＝フィリップ・ギユメと小さなチームを組み、後にマルトュセリも加わって、行為者、とくに生徒たちの経験から出発して学校研究をおこなった。そこでもまた私たちは、社会学的介入

*――フランス社会を指す。なお、この表現（black, blanc, beur）は、一九九八年サッカーワールドカップで優勝した、ジダン率いるフランス代表チームのニックネームでもある。それは黒人、白人、（北アフリカ出身の）アラブ人が調和的にチームとして機能するという意味で、フランスの社会的統合の象徴と考えられた。

を頻繁におこなって、中学や高校、小学校の子どもたちに対してさえも介入を計画した。教育は、今ではもう、私が最も長いあいだ研究してきたテーマになっている。人々からの要請が強く、理論的争点もかなり明確だったことがその理由である。以前、ケアなどの他人に関わる仕事〔他に看護や人材育成など〕のプロたちを対象に、かなり重々しい内容の社会学的介入をおこなったことがあるが、そのとき私は、社会制度の包括的な変化の様子を明らかにしたいと思っていた（Dubet 2002a）。「学校制度のプログラム」は、宗教的なものから世俗的で共和的な枠組みへと組み替えられていったが、今ではもう疲弊して、使い物にならなくなっていることを示そうとしたのだ。もっとも、私の教育関連の研究のうちのいくつかは、これとはまったく違った方法での研究になっていて、たとえばドュリュ＝ベラやアントワーヌ・ヴェレトゥーと共同でおこなった比較研究は、もはや本質からして統計学的な研究である。

ここ数年来の私が、不平等や社会的公正に関心を寄せていることについては、すでに説明したとおりである。その話をここで無用に繰り返すことはしないが、私がサンドリーヌ・ルイ、クザン、エリック・マセらと一緒に、差別体験についての研究に多くの時間をさいてきたことだけは述べておこう。個人のインタビューと社会学的介入を織り交ぜたものだった。この研究が、労働における不公正についてこれまでやってきた研究の補完ないしは延長になってくれればと思っている。これは、多かれ少なかれ差別されてきた人々の複雑な社会経験と、差別や不公正に対する政治的・制度的なイメージとのあいだに発生するズレを測定するための方法なのである。それはまた、女性やマイノリティといった新しいタイプの集合的行為者が出現してきたという、現代社会の最もラディカルな変化の一つについて研究するための方法でもある。

このような経歴の道のりは、そのときの状況やチャンス、舞い込んだオファーといったものに大きく左右される。私はだいたいそれをつかみ、自分自身の問題意識を発展させてきた。もしこうした散発的なもの以外に、何か共通の要素があったとしたら、それはおそらく私にとって重要と思われた社会問題を研究したいという欲望であり、これからも疑問を投げかけていきたい。

この場を借りて四〇年ほど前のことを振り返ってみても、私はたぶん、まったく的はずれの道を通ってきたわけでもなかったのだと思う。実際、もちろん完全に意識的にというわけではないけれども、研究対象の選択というものは、何らかの歴史的診断にうながされておこなわれるものであり、また情勢判断や社会変動がこれからどちらの方向へすすむかについての、一種の賭けをおこなうことでなされるものなのである。とはいえ私たちはいつだって、目の前で展開する社会運動を古い概念カテゴリーに当てはめて解釈してしまったり、途切れずに続く危機の連続とみなしてしまったりする。

まずは身を賭して、私たちに何が起こっているのかを理解することだ。そこで試金石となるのは、それを社会学的問題へと組み立てる能力である。私はこうした試練をうまくクリアできただろうか？　それはわからない。あえて答えたとしても、その答えはあまりに私の「気持ち」次第になってしまうだろう。

理論の賭け

社会学者の中には、知識人としてのキャリアに足を踏み入れる時点でもうガチガチに理論武装しているような者もいるが、私の場合はそうではない。もし私が理論の切れ端を振りかざすことがあるとしたら、それはフィールドでの必要性がそうさせるのである。だから、私の本のうち最も理論的なものであっても、たとえばマルトゥセリと書いたものでも、本当に理論的命題ばかり並んだ著作というよりは、息抜きやまとめを多くはさんだものとなっている（Dubet 1994; Dubet 2009; Dubet, Martuccelli 1998）。

私はそこで、合理的選択理論の行きづまり（アポリア）、支配そのもの、ミクロ社会学における社会生活の溶解といった、いくつかの敵と戦っている。そうした過去の理論の魅力的な部分が表に出ないよう、やや控え目に書くのはたいへんだったし、また理論書に力強さを与えてくれることの多い、断固とした文体を取り入れるのにも苦労した。理論的な研究が目に見えるものとなるためには、まず基本的内容がオリジナルで、そしてしばしば反論を寄せつけないようにみえることが必要なのである。

こうした独創的かつ反論させないものをつくるには、私はやや「古典的」すぎると自分で感じる。伝統的な社会学が与えてくれた回答は、もう今の時代に適切ではないだろうし、行為や社会に関する新しい観念をうち立てることが重要だとは思う。それでも私はやはり、古い社会学が問いかけたことは現代でも重要な課題でありつづけている、という考えを捨てることができないし、自分たちの考えはラディカルで新しいのだと断固うたって、無理に「断絶する」必要はないのではないかとも思ってしまうのである。

『社会の労働』(2009) の中で私は、統合的システムとしての社会が行為者たちの行動を決定する、といった社会観にもとづいて社会生活を表象しようとするやり方が、今ではもう受け入れがたい過去の方法となったことを示そうとした。国家社会はもはやこのモデルのあらわれではないし、社会構造と経験とはあまりにかけ離れているため、機能主義とマルクス主義、そして (ここであまり強調はしないが、その二つの理論様式を統合させた) ブルデューにはおなじみだった、社会構造が人々の行動を決定するというとらえ方でもって、社会統合メカニズムが変動する様子をすっかり説明できるとは言えないのである。

だからといって、私は何もつぎのような考えを放棄すべきだとは思っていない。私たちの生きている社会は、確かに雑多な要素や異質なものの集まりで、時には悲劇のかたまりですらあるだろう。ただこの場合、複数ある社会 (les sociétés) は、絶えざる葛藤、運動、表象の産物として存在しているのであって、たとえすべてを説明できてしまうくらい幅広い意味をもったきわめて便利な観念や概念があったとしても、社会というものを一言で要約することはできない。だから私は、あらゆる扉を開けられる鍵を探そうとするよりは、自分の研究フィールドから出発し、そこから派生する諸理論のほうへと導かれていったのである。ある作用をわかりやすく「目に見える」ようにするという観点からすれば、これは最良の選択ではない。

たぶん私は、理論を練り上げるのに必要な資質をもちあわせていないのだろう。閉じた理論体系が好きではないのである。トゥレーヌの影響も大きかった。私の人生に思いがけないレッスンを与えてくれた彼には感謝している。おかげで私は、あまり後ろめたい気持ちを抱かずに、今の自分になることができた。学派を組むのは決して好きではないし、派閥のようなものはもっと嫌いだった。権威的で有無を言わさぬ議論は私の好みではないのだ。師匠の論文を引用したところで何を証明したことにもならないし、私は自分の学生たちに私の本を引用するようになどとは言わない。理論をつくった父なる先駆者たちの著作を読み返すのは、何も自分自身の思想を権威づけようとしてのことではない。

自己弁護に聞こえるかもしれないが、実際にはこうしたことの正体は弱さなのだ。私は学派というものに属さなかった。長いこと学科長を務めている社会学科でも、私の研究が何かの潮流をつくったりすることはない。私が仕事仲間を、自分に忠実だとか言うことを聞くとかいった理由で選ぶこともなかった。友情だけで十分だ。幸運にも、LAPSAC（社会問題・集合行為分析センター）は知的に開かれた場所だった。

ただし一つ断っておくと、社会学的思想がそれを認めていた場合でも、学派をつくるというのは容易なことではない。必要になってくるのは、「弟子」をみつける、パリに住む、学術誌やシリーズものの叢書を出す、学会を牛耳る、戦略的に地位に就く、資金やポストを身内に配分する、影響力を及ぼす、自分の著作をテーマにシンポジウムを開催する……、といったことだ。こうしたことにがむしゃらに身を捧げた社会学者は何人もいるし、デュルケームの人生をつづった見事な伝記（Fournier 2007）が示すように、おそらくそこには多くの苦労がある。デュルケームはデュルケームになるだけでは十分ではなかった。もちろんそれだけでも大したことなのだが。デュルケーム派を形成するためには、かなりの量の、それもひどく骨の折れる仕事をやっつける必要があった。それは自身の著作を執筆することと同じくらい重要だったのである。私たちはもちろんデュルケームその人ではないし、どこか怠け者かもしれないが、この労苦をちょっと想像してみてほしい！　ただそのかわり、私たちは愚かな見栄をはるとか、いつもとげとげしい態度をとるとかいったことをしなくてすむのである。そのくらい選ばれし者などほんのわずかしかいないのだろう。

こういったことは総じて、知的活動にとってただ知的なものだけが重要だというわけではない、ということを証明している。それには支えが必要であり、研究所や制度、つまりは研究や書物に還元されないような仕事が必要なのだ。好景気だった当時のフランスの「栄光の三〇年」〔フランスの高度経済成長期、一九四五—七五年〕の楽観論にのせられて、私は長いこと、一生懸命に研究さえしていれば物事はうまく運ぶのだと信じていた。私自身はほぼそんな風にすごしてきたのだが、私はあまり企業人〔アントレプレナー〕的ではなかったし、第一、自分自身の企画者でもなかった。それに影響力というものがどうやって構築されるのかを理解できるほど、十分に社会学者らしくもなかった。私だけのことではない。ベルトロ、カステル、ジャック・ドンズロ*をはじめとする、私が最も敬愛するフランスの社会学者たちも、同じような状況にあった。そのことは私をなぐさめ、また安心させた。

*——Jacques Donzelot. 一九四三—。現代フランスを代表する社会学者、歴史家の一人。

理論的なわかりやすさは、知的スタイルとも切り離せない。つまり社会学の理論がわかりやすくて目立つものとなるためには、中心となる知的枠組み（パラダイム）を確立させ、さまざまなケースや問題に当てはまるような比較的シンプルな命題を少しばかり提示すればよい。そうして、「私のモデルですべて説明できます」と述べつつ、いくつかの公理をわかりやすく伝えるような理論を生み出せばよいのである。こうした作業は、かなりの才能を必要とするかもしれないが、もし社会学全般がただ一つの知的枠組みから導き出されると考えられているなら、それだけ容易なものとなる。

さて、古典的な社会学においては、社会とは一般的な規制と秩序維持のメカニズムであると考えられていたのだが、今日の私たちは、こうした古いモデルや、社会的行為は一つの中心的論理に従うといった考えからは遠ざかっている。しかしそのことで、かえってわかりやすさ重視で理論を組むという戦略が、ますますやむをえないものになっていったようにもみえるのだ。中心的な知的枠組みが、合理的説明の及ぶ範囲の限界まで拡大適用されていくのをもう避けることはできない。それは広がると同時にうすめられていき中身のないものとなる。そうして多少不自然にでも生き延びて、きわめて多様な現象、いや、どこか雑多ですらあるような諸現象に説明を与えつづけるのである。

おそらく、本当の一般社会学を打ち立てるのはもう不可能なのだ。したがって危険なのは、何でも包み込むような言説でもってそれに換えてしまうことなのである。完成度の「レベル」の違いはさておき、参照先のスケールから考えて、私自身はロバート・キング・マートン*に知的スタイルが近いと感じている。マートンは中範囲の理論を発展させることを選んだ。それらは各領域に特異な理論であり、組み合わせても一般理論にはならない。マートンには、学生はいても弟子はいなかった。大きな影響力をもち有名で世に知られた学者だったが、学派をなすことは決してなかった。

じつのところ私は、自分がかなりあいまいな立ち位置にいると感じている。私は、どちらかと言えばよく知られた社会学者に属しているし、フランスではそうした数十名のうち

*――Robert King Merton. 一九一〇―二〇〇三。アメリカの社会学者。社会システムの解明をめざすような（大きな）一般理論ではなく、より具体的な個別の事象を説明する「中範囲の理論」の重要性を訴えた。

に入るだろう。不平を言うことはできない。当時は想像すらしなかったのだが、今の私があるのは、自分の望んだことをおこなう自由を与えられていたからなのだ。同時にまた私は、フリーランス、少しマージナル、ぶっちゃけ田舎っぽいとも思う。というのは、仮に私の発展させた社会学が立派な理論として有名になって、誰かに引用されたりするようなことがあったとしても、それは「結晶化」しないというか、パッと私のものとわかるような理論軸を結んでいないからである。ときどき驚かされるのだが、私がここ数年で練り上げたテーマや理論的結論が、著者である私の名も出さずに使われているのをみかけることがある。ただこういったときは、私が一種のタイムマシンに乗った剽窃家で、自分の著作よりずいぶん後に出版される本の内容を盗み見ているのではないか、などと疑われずにはすむのだが。

以上のことから、覚めた目で言いたいのだが、よくよく考えてみても自らをふりかえって内省するというやり方には限度がある。それにどうも私は、研究者が人生や仕事において何を賭け、何を得ていくかを語るにあたって、あまり適任とは言いがたいようだ。ただこのことは再び、社会学が役に立つものであることを私たちに教えてくれる。つまり、外の視点から眺めてみること、厳密な方法論でアプローチすること、距離と共感の混ざりあいといったものは、社会学に必要不可欠なものだが、これらは、私たちが自分自身と向きあっているだけでは、決して手にすることのできないものでもあるのだ。

10

社会学者と研究対象との関係

行為者、研究者、特殊な「契約」
どんな方法論でもよい、ただし……
社会学的介入とは何か？
他の人々を扱う場合には、汝がそうされたいと思うようにせよ

社会学者とその研究対象との関係とは、つまりは研究方法のことであって、どのような方法をとっても構わない……、ただしそこに何を期待してよいかを知っていれば、である。方法論上のあやまりというのは、研究方法そのもののミスに起因するわけではない。むしろ、設定した問いと研究方法とが対応していないとか、その研究方法では言えないような

ことを言わせようとしている場合に、ずっと多いのである。この領域に関しては、ある研究方法を優遇したりすることはあっても、私は超党派の普遍主義者である。

私が好むのは、意見と立場を結びつけるようなアンケート調査である。アンケートにはとりわけ二つの得がたい利点がある。一つは「場所論的」な利点で、これは社会的集団を形づくる客観的かつ主観的な傾向を大まかに描き出すものだ。そのようにして、労働者、若者、女性、地方在住者といったカテゴリーの人たちが、それぞれどのように生活し、どういう風に考えるのかを把握できるようになる。またこれによって、ステレオタイプ的な先入観を抜きにして考えられるようになることも多い。アンケートにはもう一つ、より分析的な利点もある。それは、さまざまなシステムを形成している意見や態度が、どういった具合に構造化されているかを明らかにできるという点だ。

ただし、どんな方法にも限界はつきものである。出てきた意見をつらつらと列挙するというやり方が、果たして個人に関して社会的に再考察する上で有効な方法であるかどうかはわからないし、また人々がとる態度とその人々がおかれている状況とのあいだの対応関係だけが、いつも満足のいく説明を与えてくれるとは限らない。実際のところ、アンケートに答える際には、行為者たちは前もって用意されたいくつかの選択肢を見て、そこに優先順位をつけさせられているのだ。つまり、すでに「つくられた」意見の中からどれかを選ぶよう求められるのであって、各個人が自分で意見を生み出しているわけではないのである。

私はインタビューの方法にも好意的である。だが、ときどき驚かされるのは、人々の解釈が研究者の理論に押しつぶされていることだ。研究者が、人々が言うことの意味をすでに確信しているのなら、どうしてわざわざ人に意見をたずねに行ったりするのだろう？あるケースでは、人々は研究者の予期したとおりの考えをもっていて、すべてうまくいく。違うケースでは、人々は予想外のことを言ったりするのだが、すると、あの人たちは無分別で、頭がおかしくて、自分たちが何を言い、何をしているのか知らないのだということになったりする。最初の理論が間違っていたということには決してならないのである。インタビューには利点があるが、それはゲームとしておこなわれた場合に限られる。つまり、インタビューを受ける人々に何か言いたいことがあり、なおかつ質問する側と同じように「賢明でうそをつかない」人々だった場合に、この手法は意味をもつのだ。

また、私は統計的手法にも好意的で、ちょうど最近ドュリュ＝ベラの見識ゆたかな手ほどきを受けたところだ。この手法は、有無を言わせない安心感をもたらす。以前にくらべて、データベースも比較的アクセスしやすいものになったし、情報処理プログラムもかなり賢くなってきて処理速度も上がり、しかも扱いやすいものになってきた。それ以来この手法は、わくわくする遊びのような側面をもつようになっている。

ただそれと同時に、統計的手法は、指標や尺度をどう設定するかについての疑問だとか、それらの指標が何を示しているのかよくわからないといった疑問を、決して解消してはくれない。相関関係をみつけなければという強迫観念がはたらいて、データの中に何か強い相関関係がみられると、すぐに何らかの「法則」がみつかったと勘違いされたりするし、相関がみられない部分は、それはそれで興味深い情報を与えてくれるはずなのだが、何もなかったことにされたりもする。かつて私は、統計的手法にはちょっぴり「コンプレックス」を抱いていたのだけれど、より「あいまい」な手法だと言われている歴史史料の調査やインタビューの方法にくらべてみると、統計的手法は研究者をあまり強く拘束しないことも多いとわかってきた。

あとは、ベンチマーキングの落とし穴もある。つまり比較や連続評価によって実際には存在しないものが生み出され、最終的にそれが現実とみなされてしまうことがある。こういったことが露見するのは、この技法が私たちに、幸福であるためにはどうしたらよいかを教えてくれるときだったりする。統計は言う、幸福のために必要なのは、ノルウェー人たちの清潔さであり、フランスのような健康保健システムであり、さらにはフィンランドのような学校制度、イタリアの気候、スイス人の慎ましさ、アメリカ人のバイタリティも必要である……。どうかこれを冗談だと思わないでいただきたい。これは、ＯＥＣＤや世界銀行といった大きな国際機関の刊行物データからはじき出された結果なのである。そうした国際機関は、経済学モデルの助けをかりながら世界に方程式を与え、唯一の最善の道(one best way)を粘りづよく探して、さらにはそれを、貧しくて自力ではどうすることもできない人々に強制しようとしている。統計的手法の力は大きい。だからこれを学び、その限界についてよく知っておいたほうがよいのである。

私はまた、参与観察法*の実践をやってみたこともある。一九九四年から九五年にかけて、中学校の先生をしたのだ。教育者という職業の難しさがどんなものか確かめるためだった。

そして、理解した！　この直接の経験のおかげで、行動を起こすとか、学級経営するとか、何かやっている自分を客観視するとかいったことがどれほど難しいことかを、私は認めねばならなかった。

この職業はきつすぎて、やりとげたという感覚はまったくない。それでも時間がたつにつれて私は、社会学者として観察役に徹していて自分で授業ができないよりは、そこそこの教育者になったほうがいいのかもしれないと思うようになった。自分のことを社会学者、つまり観察者だと意識することがあったのは、職員室や保護者会といった、職業生活のうちの副次的な側面においてである。このことが示しているのは、研究対象となる場所や問題に没入することは、他の何事にも替えがたいということだ。そこで人は、誰かが体験している物事をよりよく理解したり、誤解が生じるのを避けたりできる。

以上みてきたように、各種の研究方法のあいだに競合は起こらない。私たちがその方法

*――社会調査法の一つで、調査者が（身分を明かして）調査対象グループの一員となり、外部から眺めていては見えなかったような事柄を、自己体験と内部からの観察によって描き出す手法。

で何をしようとしているのかを知っていて、そしてどのような成果が期待できるかを把握していさえすれば、それらはすべて有効なやり方なのである。もう一つ条件がある。社会学の方法は、つねに行為者と研究者との社会的関係性の問題であり、つまり人にはそれぞれの立場があるとみなすものである。このことを理解していなくてはならない。この点が、私がずっと身をおいている思潮の、おそらく最も独創的な部分だと思う。

社会学的介入

社会学的介入の手法は、ある非常に明確な問いに応えるための方法として考案された。その問いとは、集合的行為にはどのような意義があるか、というものである。もっと正確に言えば、その行為がどのような点において社会運動となるのか、どの程度の心血がそそがれるのか、どんな社会的関係（ラポール）がそこには含まれているのか、といった問いである。

どんな社会運動がそれらを支えてきたかを知るためには、社会闘争を研究することが重要だった。この枠組みにおいては、社会運動は、それが行為者を動員するという事実によって定義される。行為者は、自らのアイデンティティの名の下に、投資をあやつり社会全体を方向づけるような支配者たちに敢然と立ち向かう。この戦いは広範囲な射程を備えていて、運動のメンバーたちの利害関心の範囲内だけにとどまるものではない。この意味では、すべての社会闘争が社会運動であるわけではない。運動家たちの信念や信条、イデオロギーが満足させられるかどうかが問題なのではなく、いかにして活動が生み出されるかが問われるべきなのだ。こうしてトゥレーヌは、かなり複雑な方法論的技法を編み出した。行為者たち同士を緻密な研究条件の下におき、そしてまた社会学者たちと行為者たちとの関係性の本質をも、やはり厳密に定義したのである（Cousin, Rui 2010; Touraine 1978）。

私たちが活動家たちに、あるいはもっと幅広い関係者たちに求めたのは、長い期間にわたって会合（エンカウンター）に顔を出しつづけると約束してもらうことだった。そこで人々は、対話者、敵対者、仲間たちと出会って議論をおこなうことになる。とりわけ研究の終わり頃には、社会学者たちがグループのメンバーと一緒に、自らの分析について討議するようになっていた。テクニカルな観点からすると、これはかなり複雑なモンタージュ写真のようになっている。というのは、集団にはいくつかの傾向や感性が同居しているはずで、均質で一枚岩的なものではなく、たとえばみんな同じ意見をもっているなどといったことは、まずありえないからだ。現場では、メンバーが自分たちで議論を制御できるように、各グループには研究者を二人おく必要があったり、あるいは、各グループ内部にははたらく特有の力関係を越えたところにある、比較的安定したデータを得るために、複数のグループを組織することが必要だったりもした。

こうして行為者たちと研究者たちのあいだには、非常に特殊な「契約」が結ばれることになった。まず研究者の側は、自分たちの分析を語りながら、グループのメンバーに介入をおこなっていく。つまり分析内容を手元に隠しておくようなことはしないということだ。そして行為者の側は、自己分析のプロセスに入り、だんだんと自分たちの元々のイデオロギーから距離をとっていく。じつはこの手法が考えているのは、比較的コントロールされた状況下での個人は、話し相手が刺激となって、自分自身について深く考えることができるだろうということなのだ。

こうして解釈の作業は、行為者たちの語りよりも、その自己分析のほうに大きく依拠することになる。やや抽象的な言い方になるけれども、重要なのは熟考と議論のための空間を構築することなのである。この人工的な空間は、知識は結合によって生み出されるという公準にもとづいてつくられる。社会学者は、かなり束縛のある枠組みの中で知を生み出そうとしており、活動家は自分たちの分析力が上がることで、いつか活動の力が押し上げられると考えている。

この手法の最も独創的な側面は、介入（intervention）という言葉に要約されている。社会学者はふだん、できるだけ中立的であるよう求められているのだが、この社会学的介入の手法においては、あるグループの生活のことについて心をくだいたり、そのメンバーのために分析を示したりする。どうしてそうするかというと、もし、あるグループのメンバーたちが、研究者たちの分析を参考にしつつ、自分たちの運動経験やグループの歴史について解釈をおこなったとしたら、あるいは、もし同じようなことが、他の研究者たちに活気づけられて他のさまざまなグループでも起こったとしたら、そこで出されるいくつかの仮説は、非常に強い真実味を帯びることになるはずだからである。これは、そうした仮説が「真実」だという意味ではない。逆に言えば、行為者たちがもし研究者たちの分析を聞いてもあまりピンとこないとしたら、そうした分析は不完全で「間違い」であって、つくり直されるべきだということなのである。

こういった社会学のやり方は、ありのままをとらえようとする本来の方法からすれば不自然なものだ。なぜなら社会学的介入の手法においては、知的空間をつくり上げて、二つの立場のあいだの矛盾を乗り越えることが目指されているからである。一方でこのやり方は、「認識論的切断」と呼ばれてきたもの、つまり知的な理解と自然的な理解とは水と油のように交わらないという考え方を、拒絶する。他方でこのやり方は、行為者たちが自分の行動の意味を知っているとしても、あるシステム内で振る舞っていることも含め自分ですっかり理解しているわけではない、ということを念頭においてなされる。したがって、行為者たちの証言のもつ意味やその重要性を理解するためには、行為者たちの語りを記録するだけでは不十分なのだ。

この社会学的介入の手法は、「予言者的」だとか、人の心を操るだとか、探しているもの以外は発見しないといった非難を受けたこともあった。何とも奇妙な批判である。なぜならこの手法は、新しい社会運動に関する私たちの仮説さえ、ずいぶん疑ってきたからだ。

私が思うに、この手法に向けられる抵抗の本質は、こうした反論にではなく、きわめて強いつぎの二つの声によくあらわれている。

第一に、この手法は非常にしんどい。グループを編成し、話し相手を探し、研究者でチームを組む必要があり、またセッションにも説明にも長い時間がかかる……。第二に、もっと根本的なことだが、この手法はあまり心地よいものではない。研究者たちは、行為者たちに手の内をさらさなくてはならないし、自分たちの分析が何をもたらすかについて、生きた検証を義務づけられるからだ。それに、一緒に仕事にあたっている誰かにもの申すのは、やさしいことではない。この仕事に対する私の印象は、こういった感じのものだ。要は、私はよろこんであなたの批判を受け入れましょう、ただ、私の分析によって、あなたの体験してきたことに何かしらの意味や一貫性が見出されたかどうか、それを聞かせてほしいのです、といった感じなのである。

この研究方法から人が無傷で生還することはない。とりわけ、この手法によって社会学者とその研究対象とのあいだに打ち立てられた人間関係から、何ごともなかったかのように立ち去ることはできない。だがこの手法は、きわめて生産的なものとなりうる。というのは、もしうまくいけば、研究者は自分が疑問に思っている問いを、社会的行為者たちに直接ぶつけてみることもできるからだ。だから私は、社会的経験に関する研究をしたとき、この手法をもう一度用いることにした。

郊外の若者たちのつらさ、児童生徒たちおよび教師たちの学校での経験、ソーシャルワーカー、職業訓練官、看護師の職業経験、いくつかのプロ集団……。こうした社会的経験は一見したところ、組織化された集合的行動とはほとんど関係がない。ただ、きわめて重要な点は、人々が一つの証言ではあらわせないような状況におかれていて、他者と対峙し、自己弁護することを道徳的に義務づけられているということである。このようにして当事者たちの側で理屈や仮説がつくり出されていく。社会学者の側までもが同様のルールに従うなら、この傾向はますます強まる。だから、社会学的介入の手法は、民主主義的な長所を備えているだけではないのだ。それは研究者と行為者という二重の視点を議論のテーブル上に乗せるような、科学的な生産性をもつものでもある。

だんだん経験を積むにつれてわかってきたのは、そこでは社会的地位の高さがあまり大きな影響力をもたないということだった。なぜなら社会学的介入の手法は、個人の内省や分析の力を強化するからである。そもそも、この手法にいちばん激しい抵抗をみせるのは、行為者たちの中でイデオロギー的リーダーの立場にある人々である。リーダーたちは、打開のためのヒントを握っているのは自分たちだと考えているので、私たちの介入に難色を示したりする。けれども大多数の人々は、この手法に何らかの楽しみを見出してくれる。というのは結局、べつに毎日毎日時間をとって、何を考えていますかとか、あなたは世界をどう見ていますかとかいったことをたずねられるわけではないし、何よりとても熱心に人に話を聞いてもらえるからである。

調査期間が終われば、人々はそれぞれの生活に戻っていく。私はこの手法が、参加した人々を変容させることを目的とした、活動のための技法だとは考えていない。逆に研究によって、人々の経験の隠された側面、壊れやすくて破壊的な側面があばかれそうになったときにも、グループのメンバーを危険にさらさないことが望ましい。これはセラピーではないのであって、研究はむしろどこかよそよそしく終了したほうがよいのである。

いずれにせよ私は、社会学者が「コーチ」やアドバイザーのようなものになってしまわないよう、自戒している。共同作業をしていても、社会学と活動とのあいだに、社会学的分析と行為者たちの自己分析とのあいだに、いくらかのズレが再び生まれることは覚悟しておく必要がある。たとえ研究それ自体が、一時的であれこの距離を乗り越えようと試みる性質のものであったとしても、これは避けられない。調査対象となる人々と関わりあう中で、私たちはその人々に対して責任を負うようになる。最低限、モチベーションを衰えさせるようなことはしてはならないし、あまりよい結果を約束できないような場合でも、よろこんで人々の助けになるべきなのだ。

すでに述べたように、社会学的な参加（アンガージュマン）において要求されるのは、他者の扱いに際しては、自分でもそうしてもらいたいようにすること、そして、自分自身のことにも当てはまるであろう理論を、人に適用するということである。社会学的介入はこうしたモラルの標語を実行する。だから、たとえばだが、もしも行為者と研究者とが一定の条件下におかれ、研究そのものを通じて何か共通言語のようなものをみつけたほうがよいというのなら、両者は互いに引き離されるべきなのである。なぜなら、研究者たちの関心と活動家たちの関心とが、互いにすっかり重なりあうようなことは、決してありえないからだ。このような義務はまた、各個人に帰せられるべきものを描き出すとともに、人々にそれを贈り返すよう求めている。つまるところ私のような公務員の給料も、もともとは人々の支払う税金なのだから。

11

社会学に興味をもつ学生たちへ

大学と高等教育
研究から（再）構築へ
社会学の基礎文化
若い日々には

先ほどみたように、社会学者は自分のことをコーチだと勘違いしてはいけないし、他よりもとにかく社会学をやりなさい、などと激励すべきでもない。社会学は確かに私の興味をひきつけ、時に夢中にさせてもくれるのだが、他にもやるべきことはいくらでもあるし、みんな有益で刺激的なものばかりだ。私はここで、読者の要望や進路選択に影響を与えるべく、社会学の魅力についてほめちぎることも可能かもしれないのだけれど、それよりはむしろ、社会学教育を提供するということについて、よく考えてみたいと思う。このことは、社会学の道に進もうとしている学生のみなさんにとって、最良の答えとなってくれるだろう。

大学について

フランスの大学（ユニヴェルシテ）はうまくいっていないが、これは何も目新しいことではない。歴史的にみればフランスという国は、似たような他の国々の大半とは違い、総合大学という制度を選択しなかった。エリートの選抜と教育は、グランゼコール（高等専門教育機関）が担ってきたのであり、近年では小さなグランゼコール*もだいぶ増えてきている。たとえば技術短期大学部**（IUT）は本来、高校の技術系課程を出た学生のためのものだったはずだが、その使命に反して学生を選抜するようになって、エリート養成コースの一段階を担うようになった。

確かにこれまでは、学生の数もある程度限られていたし、修了者の就職の需要と供給がつりあっていたので、状況はそれほど悲観的ではなかった。だが、学生数が爆発的に増加したことで事態は急を告げている。高校生たちのうち成績優秀な者は、グランゼコール準備クラス***に入って選抜試験（コンクール）を受けるか、あるいはもっとお金になるような、大学の選抜課程を選ぶ。古典的な人文学（ユマニテ）や人文・社会科学は、もう時代から取り残されている。いくぶんかの例外はあるが、それらを選ぶのは、他のどこにも行けなかった学生たちか、もしくは学士相当（bac+3）****の学位を希望している学生たちだけなのである。この学位をもっていれば、ソーシャルワーカー養成校や技術短期大学部の一部で実施されるような、大学二年次レベル（bac+2）の選抜試験に合格したのと同じ扱いになるからだ。これは何も、大学の授業の要求レベルがあまりに高くて一年生の段階ですでに多数の留年者を出すから、というだけではない。学生たちの多くが、本当は望んでいなかった場所にいるという理由もある。試験を受けに来なかったりすることもあるのだ。

研究のことに関しても、昔のフランスのほうが今とくらべて大学に好意的だったというわけではない。国立科学研究センターの設立以前でさえ、新たな科学への要請が生じるたびに、大きな研究組織が立ち上げられ資金が投下されたのは、大学の外部でだった。一方、大学では、研究所の数は増え、研究予算も潤沢になったにもかかわらず、教員＝研究者の労働条件は悪化している。教員＝研究者は授業を受けもっている。それは当然のことだが、それ以外にもますます多くの時間を、大学の業務処理のために奪われるようになってきている。その他にも科学者としての仕事をかかえており、専門領域では、すべての時間を研究活動にささげることのできる巨大研究組織の他の同業者たちと競争させられることになる。これではまるで、アマチュアとプロが同じ土俵で戦うようなものだ。大学の教員はと

＊――フランス独自のエリート養成教育機関である「グランゼコール（Grandes Écoles）」には、国立行政学院（エナ）、理工科学校（エコール・ポリテクニーク）、高等師範学校（エコール・ノルマル・シュペリウール）といったものがあり、一般大衆に開かれた「大学（Université）」と対比される。またここで言う「小さなグランゼコール」は、いくつかの主要都市に設置された工学系の国立応用科学院（ＩＮＳＡ）など、専門分野に特化された高等教育機関を指している。

＊＊――大学に付設された二年制の短期大学部で、おもに工業や商業の専門教育を担う。

＊＊＊――グランゼコール入試（コンクール）のための特別選抜学級で、期間は高校卒業後二年間。

＊＊＊＊――「bac（バック）」はバカロレア（高校卒業資格）の略称で、この資格がそのまま大学への入学資格となる。現行のフランスの大学制度では、第三年次（bac+3）に学士号（リサンス）、第五年次（bac+5）に修士号（マスター）の取得がそれぞれ可能となっている。

きどき、こうした競合で苦い経験を味わうし、それで教育のほうに力を入れなくなってしまうことだってありうる。なぜなら名声や知名度をもたらしてくれるのは、ただ研究のみだからである。

おそらく大学が何か中心的な役割を果たしているとはこれまで一度も考えられたことがないからだろうが、大学はリベラルな環境を生み出していった。それはよいことなのだが、もしこれがやや無規制（アノミー的）な環境だったとすると、話は少し違ってくる。各学科・研究室はそれぞれ、教科プログラム作成にあたっては多少の自由がきく。要するに、文学、言語学、心理学を学ぶフランス人学生が、何を知っており、何をどのくらいできるかを把握しているのである。各学科は必要とあらばそれを示すこともできるだろう。

大学全体としてはこれができないのだ。すべての資格免状*（ディプローム）は平等であるべきだという弁護までなされるようになったが、その一方であらゆることが、その学生が学んだ場所によって左右されている。つけ加えておくと、国家による資格免状は、他の関連資格が労働市場ではほんのわずかしか評価されない分、平等性が確立されていると言える。ただし、序列が非常にはっきりと決まっているような選抜型の資格免状の場合は、明らかにこのケースには当てはまらない。

最後に、学生たちについて述べよう。大学は自由の魅力を提供するとはいえ、それほど愛想がよいわけでもない。そこでは団体生活の色あいは弱く、学内選挙への参加度はさらに低い。多くの外国の大学の活気にくらべると、文化活動やスポーツ活動も内輪にかたよりがちだったりする。同窓会の組織はあるが、新入生へのガイダンス、あるいは労働市場への案内を果たす上で、後輩たちの助けになっていることはきわめてまれである。グランゼコールや専門教育機関のほうであれば、これがないのはありえないことなのだが。

ときどきつぎのようなことを考えてしまうことがある。文科系あるいは人文科学の学生たちは、パッと集結してさまざまな改革に反対するけれども、あれはたぶん、日頃から不安を抱えているからだ、と。そうなってしまう理由もあるのだろうと思う。だが同時にそうした闘争は、結局は学生であるという実感、大学のコミュニティの一員であるという感情をもたらしてくれるものでもある。教室を占拠し、大学について語りあい、集団アイデ

＊——フランスで大学卒業時に取得できる学位資格。

ンティティと公的存在を獲得するのである。一方でふだんの大学生活は、学生たちを分裂させ、散り散りにしてしまうのだ。

つまるところ、このシステムはひどく不平等でほとんど非効率的である。大衆化した大学にみられるのは最も不利な条件の学生たちであり、そこではコストのかからない安楽な教育がなされることになる。ドュリュ＝ベラ（2006）が示したように、フランスの大学の科学的能力は、グランゼコールや外国の研究機関とくらべてとくに秀でているというわけではなく、学位の平均的価値は低下してきている。

もちろん、変化は二〇年ほど前からはじまっている。人文・社会科学の研究所は増えた。四年間の臨時職員制の導入によって、わずかばかりの一貫性と多くの「書類仕事」がもたらされ、大学の自立性は以前にくらべて明らかに大きくなった。大学改革法は、ラディカルな変化を導入しようとしている。研究面で非常に大きな潜在能力を秘めた大学もあれば、あまり指摘されないことだが、学生たちを選別する力や大きな政治力をもつ大学もある。そうした大学が勝ち抜いていって、他の大学が極端に弱体化する恐れがあるのだ。自分の大学が良くなったとか悪くなったとかいったことについては、あまり口には出さなくても、誰もが知っているし、望んだり心配したりしている。しかし、総合大学とグランゼコールの立場関係については、触れてはならないことであるかのように、みんな口をつぐんでしまう。それほどフランスのエリートたちは、自分たちにとって明らかに都合のよい選別システムを手放すことを恐れている。

この場合、これが社会全体の利益の問題であると人々に信じこませるには、国家にとっての死活問題だと語るだけで十分なのだ。グランゼコールは自らの地位がおびやかされていると感じているが、今のところすべての研究者や教員＝研究者が、同列に共通身分にあるような状況にはほど遠い。うわべの一体性や際限なく唱えつづけられてきた大原則に隠されているが、フランスの高等教育および研究の仕組みは、いまだに無数の地位、制度、グループによって分割されている。それらはほとんど目に見えないまとまりをつくっていることもあるし、逆にはっきりしすぎていて、情報に通じた学生が、他にも選択肢はあるのだから総合大学には進まない方が身のためだ、と感じることだってありうる。

自分の学問分野が好きであれば、役に立つものだと思っていれば、そしてまた、それを守りたいと望むなら、こうした状況を受け入れるわけにはいくまい。だから、文句を言い、堂々めぐりの議論をし、抗議することになるのかもしれない。大学の教員たちは、改革はいつだって文明と文化をおびやかすとか、私たちはみんな未来のノーベル賞候補だが邪魔されているのだとか、すべての学生が自分の選んだ研究分野に対応した職をみつけられるべきだとか、そういった発言をしたりする。そしてその裏では賢明にも、自分の子どもたちに総合大学はやめておけと助言しているのである。

研究をつくり出す

モントリオール大学の話をしよう。今、私はここで半年間の講義を受けもっている。モントリオール大学は公立の大学で、入学試験はない。すべてが完璧だというわけではないし、お手本にすべきモデルだとか、フランスに輸出すべきモデルだと言いたいわけではない。だが、私はここで多くのフランス人学生と出会った。たいていの者は、ここの研究環境に非常に満足していると言う。またフランスの大都市、とくにパリにくらべて、ここはずっと暮らしやすいところだとも言う。何人かの、とくに研究面で非常に優れている学生たちはフランスには帰りたがらない。それは何も、カナダにはフランスにはないような、若者が職をみつけやすい労働市場があるという理由だけでは説明できない。研究面での条件の差が大きいのである。

社会学に関して言えば、一年生の大多数が社会学以外についても学ぶ。心理学、歴史、経済、哲学といった分野も履修するのだ。必ずしも高等教育の最高の学生たちというわけではないが、一生懸命に勉強する。一年生向けの私の講義では、学生たちは半年のあいだに講読レポートを四つと小論文を二つ提出することになっている。しかも授業数が多いため、それだけよく勉強している。フランスの学生とちがい、オープンで多様な教育の恩恵にあずかっていることは事実である。だから一般教養を身につけ、来るべき日には分野を自分で選択し、学科を専攻することができるようになる。

フランスの大学は、人文科学の学生たちを早々と分野別に分けて、研究者、中等教育資格（CAPES）の教育者、一級教員資格（アグレガシオン）へとつながったホースの中に、それぞれ流し込むようなやり方を選んだ。このやり方は、エンジニアや技術者、医師や看護師といった職種につこうとする場合なら理解できる。だが他の者にとっては、これは馬鹿げたことである。高校で習う程度の一般教養では不十分だし、将来の見取り図もあまりに不確かだ。そんなぐらぐらした土台しかない段階で専門分野を選ばせるというのは、あまりに早すぎるのではないか？

よい社会学者となるためには、歴史学や経済学、心理学といったものについても、いくばくかの知識が必要となる。まず教養を身につけて、そのあとで選択をすればよい。上述のような状況は、グランゼコール準備クラスの優秀な生徒たちのことを考えると、いっそう奇妙なことに思えてくる。そこでは専門化された教育はなされず、要求される課題は多い。一方で、このタイプの教育や枠づけは、それほど出来のよくないであろう学生たちにより適切なものであったりする。

したがって私は、大学のはじめの二年間は、複数の専門分野に及んだ「アラカルト」な教育が好ましいと思う。そのためには、大学そのものが複合分野的な場となること、つまりは、文学部、理学部、法学部、医学部といった旧式の学部の秩序が、もう蒸し返されないことが必要だ。各学科が相互に学生を行き来させるといったことだけではない。外国語教育、コンピュータや法学の初歩といった教育の恩恵には、すべての学生があやかれるようにすべきであって、それと同じように、将来は科学者、エンジニア、医師、法律家になっていくような学生たちにも、組織的に社会科学を学ばせるようにしたほうがいい。

各専門分野がそれぞれの研究所、学術誌、伝統にのっとって構成されているのは当然のことではある。しかし、こうした分野ごとの組織は、結びつけられて、「研究対象」や問題関心ごとの組織になるべきなのだ。このことによって各分野は、より実践的な関心をもちつつ、互いに理解を深めあうだろう。ちなみにこれは自然科学の分野では、すでになされていることだったりする。複合素材、環境、エネルギー、水資源といった研究対象に関して、複数の分野が共同で研究するような研究所が立ち上げられている。たとえば健康ないしは健康被害の問題を取り上げてみれば、これは生物学や医学の問題でもあり、また公共政策、人類学、経済学、そして社会学の問題でもあるはずだ。そのことがわかっているのに、どうして誰も逃れられないようなこの火急の社会的課題に、それらの分野が一緒になって立ち向かっていくような研究所をつくらないのだろうか?

教養課程が終わると、学生たちは専攻に分かれる。学生たちは専門の勉強を、講義、研究所生活、職務研修（スタージュ）と併行しておこなわなくてはならない。その分野については深い知識を身につけることができるし、修士論文や博士論文の執筆も、私の頃のようなまったくの孤独な鍛錬ではなくなった。しかし、ここにはまたもや思い違いがある。専門課程に進んだ学生は、研究室やコンピュータを使いこなせるだろう。今までよりも頻繁かつ気軽に、教員に会いにくるはずだ。そうすれば私たちも学生たちに多くを与えることができるし、いっそうレベルの高い要求をしてもいいのではないか、という思い違いである。ここで前提とされているのはまず、能力、場所、金銭といったものがふんだんにあることだが、そうしたことだけではなくて、大学の文化そのものを変えることも必要となってくる。それから、科学的な研究成果が個人一人の手柄ではないということや、本質部分にあるのは、これは他のことでもそうだが、仕事上の人のつながりの濃密さだということも考慮されなくてはならない。

学生たちの育成は、講義やゼミによってのみなされるわけではなく、大学環境が許すような、言外の教育によってなされる部分もあるのだ。だから学校には、多数の文科系クラブ、スポーツのサークル、政治クラブやボランティアサークルがあって、学生がその組織へと参加するのを、もっと広く言えば市民社会へと参加してくるのを待っているのである。

まさにこうしたところが、モントリオール大学の魅力の一つであって、フランス人留学生たちが心を動かされている部分である。

フランスの大学生活は、この点に関してはとくに弱いと言わざるをえない。わが国の学生たちが大学で会って話すことがあるのは、しばしば窓口の職員だけなのだ。職員たちは仕事で疲れきっており、手続きもなかなか動き出さず、学生のことには無関心で、時には理解不能なくらい言うことが食い違ったりする。学生たちは大学の学長の名前も知らない。その選出にはどこかで関わっているはずなのだが。大学への「愛校心」はきわめて弱く、学生生活はしばしばきわめて充実感に乏しい。週に何度か授業に出席するだけで、大学に興味などもてるだろうか？　私は同僚の教員たちに、個人主義者だとか無関心だとかいう不当な非難をするつもりはない。私が非難したいのは、古き良き伝統やアカデミックな理想像についてである。そこでは、少数で選び抜かれた学生たちがほぼ確実に職にありついていくという状況に、漠然とした安心感が生まれていた。だがこれは現在では通用しないモデルである。

一般的に、教育システムは雇用を生み出さないし、学生の選んだ専門分野に対応する職種となるとさらに少なくなる。私たち教員は、労働市場のことまでは責任をとれないのである。逆に、私たちが提供する専門教育の質や、大学で許されるサークル活動などを含んだより広い意味での教育の質に関しては、私たちに責任がある。よく教育を受け、自信をつけ、自らの生きる世界のことについて、少しよく理解できるようになった学生たちは、よりよく武装し、私たちの知る社会生活よりもさらに良いものを生み出していくだろうと、私は確信している。私たちは学生たちに、将来は希望の職種に就職できるなどと約束することはできない。学生たちは「自由に」分野を選びながらそれを夢見るけれど、これはまた別の戦いになるのである。しかし、私たちはできるかぎり最高の教育を提供すると約束することはできる。

フランスの大学システムは、ほとんど有効でないばかりではなくて、非常に不公正なものでもある。エリート教育のためにあまりに多くの資金が割かれ、それ以外との落差がはげしい。このことがとくにスキャンダルをひきおこさないのは、エリートの質が、よい集合投資商品だと考えられているからだ。もしこうした学生たちの大多数が、非常に裕福な階級の出身ではなかったとしたら、すべては完璧だったかもしれない。高等教育がほぼ無償でなされているかのようにみえるが、その裏側で、資金はむしろ、きわめて恵まれた人々のほうへと流れているのである。こうした人々はよりよく援助され、よりよい教育を受け、より報酬や地位の高い仕事を得る。その一方で、かなりの数の学生は、非常に貧しい生活をおくる。奨学金のシステムもこれと変わらない。これに助けられる学生は大勢いるが、金額はすずめの涙であって、実社会のいかなる雇用にも結びつかない。

実際このような不公正が、非常に強く内面化されている。現在では、恵まれない環境に生まれた優秀な生徒たちが、グランゼコール準備クラスへと進み、将来的にはエリートへといたることができるように、割り当て数や方策が増やされてきてはいる。このような政策には、機会の平等という言葉以上には、繰り返し言うべきことはない。ただそれでも、この政策は、ごく少数の選ばれし者にのみ関係するものだし、さらには教育の根強いヒエラルキーに承認を与えるものでもあって、そこでは大学は第二の選択となるか、あるいは工業・商業系の短期大学（ＩＵＴ）や中級技術者課程（ＢＴＳ）につぐ、第三の選択となるのである。

一方で、大学を変えるという政府の決意は本物であるように見受けられる。だが他方で、システム内のこの不平等が保たれつづけていくのは、もっと確実な事実であるように思われる。つぎつぎに交替する政権だけを安易に非難するのはやめておこう。エリートがこのようなやり方で生み出され、再生産されるような国においては、政治家たちが総合大学の質を顕著に向上させるなどといったリスクをあえて冒すのは、ほぼありそうにないことなのである。

学業の時間

イギリス、デンマーク、スペイン、フランスの若者のさまざまなあり方を比較した見事な研究がある（Van de Velde 2008）。そこではフランス人の若者が、他をはるかに引き離して、最も悲観的で心配性で、自分に自信がなくて他人にも信頼をおいていないという結果が出ている（Galland 2009）。これは、労働市場の状況や社会的不平等といった要因ですべて説明できることではない。というのは、仮にそうした点についてデンマークの若者が非常にめぐまれていたとしても、失業率のきわめて高いイギリスやスペインにおいては、社会的不平等が大きいからである。

おそらくこれは、若年期の経験の構築そのものの違いによるものであり、それは国によってさまざまである。デンマークの若者は、高校卒業後六年から七年のあいだ、自立をせまられ、自分自身で経験を積むよう求められる。住まい、勉強、仕事に関しては援助を受け、大半は働きながら勉強をする。多少のミスは目をつぶってもらえて、そうしてだんだん大人の生活へと入っていくのである。イギリスの若者も同じようなモデルを共有しているが、周囲の環境はもっと不平等なもので、国家の支えも小さい。スペインの若者は、より遅くまで家族のもとにとどまり、学業によって、またそれと同じくらい、社会的な人脈の力によって就職していく。

さて、フランスでは、若者たちが内面化している考え方の通りに、すべてが進行していく。つまり、学業で成功すること以外には救済はありえないのであって、資格免状が決まった職業への道を自動的に開くのである。若者たちは資格免状に期待しすぎていて、挫折感を覚えたり、進路をあやまったと感じたりすることも非常に多い。フランスの若者はまた、アルバイトをあまりチャンスとは思わず、不当な束縛と思っている。そして自分自身の力よりも社会制度を頼りにしようとする。社会制度には、いつもがっかりさせられているはずなのだが。

人々は大衆高等教育の場に身をおいた瞬間から、学業の自由な選択が希望する職業への道を開くと想像したりする。だがそれが幻想である以上、私たちにできることは、高校卒業の時点で学生の選別をおこなうか、あるいは私たちの教育像を変化させるかのどちらかなのだろう。

このうち選別をおこなうというのは、私には受け入れがたいことのように思われる。選ばれなかった者については、どうしたらいいのだろうか？　それでも私が気づいたのは、学生たちがこうした選り分けに抗議するのは、その半数近く、時には大半が選抜された側の学生であって、しかもどうやらそのことで気を悪くしてはいないようだ、ということだった。それはさておき、私が思うに、学業の時間を、それ自体で個人の自己形成の時間になるようにつくり替えていくのがよいのだろう。仕事と学業は両立可能なものでなくてはならず、もしそれらを改修・整備していくとしたら、そのような形でなされなくてはならない。カナダの学生たちはそうしているし、またそれを望み、要求している。また、週に約一〇時間働いている学生が、他の学生よりもよい学業成績をおさめるという報告もあって、これはおそらく課外活動と自己組織能力、自立心とのあいだに何らかの力学が存在するためだろうと考えられている（Beffy, Fougère, Maurel 2009; Moulin 2010）。

そして、もし労働条件が受け入れがたいものであったなら、学生たちは何事にも妨げられることなく、不正を告発したり組合を組んだりできる。これは、他のすべてのサラリーマンがそうするのと、あるいはそうできるのと同じである。とりわけ、制度側がこの問題に専心すること、自分たちで職を提供すること、学生たちを守ることについては、何の障壁もない。より徹底的に学生を集めたいのなら、どうして図書館の開館時間をもっと長くしないのか？　後輩たちを助けるべく、どうして同窓会のネットワークを活用しないのか？　「共和主義的」なグランゼコール、「社会民主主義的」な北欧諸国、「自由主義的」な英米の大学のいずれも、こうしたことをうまくおこなっているのである！

こうしたことが可能であるべきだ。ただしこれは、不安定な状況を組織化するという発想からではなく、資源を与え、経験を豊かにさせ、将来の見通しや就職へとつらなる道のりを容易にするという考えから、なされるべきである。ここで、選抜試験（コンクール）が就職へとつながっていくというやり方が、人口のごく一部にしか当てはまらないことだとか、この唯一のモデルへの執着が、他の人々を周縁へと追いやってしまうことについて、わざわざ注意をうながす必要があるだろうか？

学生たちはいろいろな教育コースに出入りできるべきだと思うし、あまり時間をかけすぎる前に方向転換したり、大学を移って、よそを見に行ったりするようなことが可能であるべきなのだ。旅行、あるいはフルタイムの仕事をした後で再び大学に戻るといったことも、可能であって然るべきである。必要を感じたとき、またそうしたいと望んだときに、学業に復帰すればよい。住んでいる場所の近くで、あるいは自宅近くの教育機関で学ぶことを推奨するのは、決して理にかなったことではない。

おそらくより合理的なのは、本当の意味での奨学金を与え、学生たちが移動して空気を変えるように、うながすことなのだろう。なぜなら、若いときというのは人生の不安定な時期であって、自らの努力によって、また他者からの影響によって、自己形成がなされる時期だからである。だから、最もめぐまれた者、最も忍耐力のある者、最も強い者しか生き残れないような障害走のコースをつくり出すよりは、若者たちがこの段階を乗り越えるのを手助けしたほうがよほどよいのだ。

最後に一つ、助言しておこう。私は、社会学をこころざし、その世界に身を投じようとしている学生諸君を応援している。知的好奇心は学問をする上での主要な原動力だ。ただ、そうした人々にはぜひ、他の専門分野についても学んだり、「職」を探してみたり、旅をしたりといったことも、やってみてほしい。あるいは、もし何か心にうったえるものがあったなら、音楽活動や政治活動をしてもいい。自分が何になりたいのかを知るために、時間をとって考えることを勧める。

でも、無為な時間をすごしてはいけない。学生諸君のうち何人かは、研究のプロとしての社会学者になるだろう。他の者は、一般企業で、民間組織で、何かの協会で、あるいは行政機関で、社会学的な仕事をするだろう。他に、社会学とはいっさい関わらなくなっていく諸君もあるだろうけれど、その場合でも、みずからの学びが、その人をつくり、変化させていくことには変わりがない。こうした理由によってもまた、社会学というのは役に立つものなのである。

二〇一〇年秋　モントリオールにて

訳者あとがき

本書は、François Dubet, 2011, *Dites-nous, François DUBET, à quoi sert vraiment un sociologue?*, Paris: Armand Colin の全訳である。

さまざまな職業を取り上げて、それらが「いったい何の役に立つのか」を高校生・学部生向けにわかりやすく解説する『教えて』(Dites-nous) シリーズの一冊として刊行されたもので、他に医師、心理関係の仕事、料理評論家を対象としたものが刊行されている。なお、原題の sociologue（社会学者）を「社会学」と訳すことについては著者の了解を得ている。こうしたシリーズに社会学者が選ばれたのには、フランスでは高校で社会学を学ぶなど、社会学者が身近であることが関係しているかもしれない。

本書は社会学の入門書だが、「社会学とはこれこれである」と大上段に定義するのではなく、「社会学は役に立っているの?」、「社会学を勉強してどうなるの?」、「社会学をやった人は将来どんなプラスになるの?」といった問いに、社会学者フランソワ・デュベが、自身の歩みを振り返りながら応答する内容になっている。社会学者が現代社会の中でどのような位置を与えられ、またどのような位置を求めて奮闘してきたか、どのような考え方をする学問なのかをつづった本である。

各章はある程度独立しているので、関心のある章から読み進めることもできるだろう。

より「良い」社会学とは何か、社会学の強みと弱みは何か、多元化・専門分化するだけで良いのか、隣接学問・メディア・政治との関係はどうあればよいか、そしてまた公正さとは何か、個人とは何か、こうした重要な問いについて考えるヒントも与えてくれる。

著者のフランソワ・デュベ（一九四六年生まれ）はフランスを代表する社会学者の一人であり、現在、社会科学高等研究院の研究指導教授やボルドー第二大学教授を務めている。彼の研究テーマは、社会問題から社会運動、社会制度、社会学理論まで幅広いが、なかでも教育・労働制度の変容と当事者の社会的経験（排除や不公正さ、周縁化など）の研究で世界的に知られており、教育制度の日独仏国際比較シンポジウム（二〇〇四年）や社会的排除に関するシンポジウム（二〇〇九年）などに招かれ来日もしている。彼はまたエミール・デュルケム・センターのメンバーでもあり、デュルケムの『社会学的方法の規準』（PUF/Quadrige版）に「まえがき」も寄せている。

デュベの研究歴について少し振り返っておこう。彼は若者の将来プランに関する博士論文を執筆した後、一九七〇年代半ばからは、アラン・トゥレーヌが主導した「新しい社会運動」調査に、同い年のミシェル・ヴィヴィオルカとともに関わり、学生運動や反原発運動、女性運動、地域主義運動、労働組合、ポーランドの「連帯」などに対する社会学的介入調査を実施していった。これらは有名な調査で、日本でも『反原子力運動の社会学』、

『現代国家と地域闘争』（いずれも新泉社）などが翻訳されている。八〇年代からは独自に、排除される若者や、制度変化の渦中にある小学生・高校生、教員、ソーシャルワーカーなどに対する社会学的介入調査をおこなってきた。その九〇年代半ばでの集大成が理論的主著『経験の社会学』（一九九四年、翻訳は二〇一一年、新泉社）であり、その後も（不）公正さと教育・労働との関係の検討や、「社会」概念を複数化する理論の構築などに取り組んでいる。ちなみに本書の執筆をデュベが担当することになったのも、彼が高校生や若者を対象とした研究を長年おこなっており、また政府の諮問委員になって実際の学校教育改革に参画するなど、若者の将来について人一倍強い関心をもっているからだろう。

現在、デュベは、前述のヴィヴィオルカ（二〇〇六―一〇年度国際社会学会会長、テロリズム・人種差別等の研究で著名）とともに、「トゥレーヌ派」の双璧として、後進の指導にも力を入れている。トゥレーヌ派は、伝統的な行為論的アプローチ（構造よりもアクターを重視し、説明よりも理解を目指す）をより徹底した「アクシオンの社会学」（『声とまなざし』〔新泉社、二〇一一年〕等を参照）を共有しており、それを世界各地の社会紛争や社会問題、社会制度などに応用し発展させてきた。

その牙城は、トゥレーヌが一九八一年に社会科学高等研究院内に設立した社会学的介入・分析センター（ＣＡＤＩＳ）であり、二代目所長はヴィヴィオルカ（三代目は癌患者の主体性に関する研究で有名なＰ・バタイユ）である。デュベも一九九一年に、ＣＡＤＩＳの支部を兼ねる社会問題・集合行為分析センター（LASPAC）をボルドー第二大学内に設立し、さまざまな共同研究を実施している。

彼らの少し下の世代には、すでに著名な社会学者であるY・ル・ボやF・ホスロハヴァール、上述のバタイユ、K・マクドナルド、A・ファッロ、LASPAC系のD・ラペロニ、D・マルトュセリ、O・クザンらがおり、さらにその下の世代にG・プレイヤーやE・トスカーノのような若手もいる。また国際的なネットワークも国際社会学会RC四七を中心に形成されており（国際ジャーナル*New Cultural Frontiers*も公刊されている）、J・アーリやS・サッセン、I・ウォーラーステイン、Z・バウマンなどとの交流も深い。「学派」と言うにふさわしく、実際、J・ハーバマスやA・ホネットなど、フランクフルト学派との比較研究も数多くなされている。

ちなみに、当のトゥレーヌ自身、今も盛んに研究をおこなっており、九〇年代以降、それまでの自らの社会理論・社会運動論を自己批判するような脱近代化論、「諸社会の終焉」論、個人的主体論、文化運動論などに積極的に取り組んでいる。

日本ではトゥレーヌ派に関する研究はそれほど進んでいない。デュベの最新の考え方をわかりやすく述べた本書が、その研究の一助となることを願ってやまない。また本書自体も、フランスと同じように多元化・専門分化が進む日本の社会学（界）に、独自の示唆を与えてくれるに違いない。（濱西栄司）

フランスでは高校のことをリセと言い、その生徒はリセアン、女子高生はリセエンヌと言う。デュベが社会学者として認められた重要な著作に『リセアン（高校生）』（一九九一年）がある。

フランスの高校生たちも成績で輪切りにされる点は日本と同じで、どんな高校でどんな成績をとるかで、その後の進路が決められてしまう面がある。エリート校、普通の進学校、大学へ進学しない高校……、それぞれの場で高校生たちが何を考え、人生をどうとらえ、青春をどう生きているのか？　デュベはたくさんの高校生、先生、保護者に会い、高校の実態を描き出した。だから高校生や大学に入り立ての若者に社会学のことをわかってほしい、そんな気持ちが人一倍強いのもうなずける。

デュベの社会学の特徴の一つは、とにかく現場へ！である。『リセアン』を書くきっかけになったのもそうで、それまでも教育問題やフランスの教育制度を批判する研究は多かったが、実際に高校生が何を考えているのか、どういう気持ちで将来を思い描いているのか、何を楽しみにしているのかなど、リセアンやリセエンヌたちに焦点をあてた研究は少なかった。

それに対してデュベは、実際に七つの性格の違うリセを異なる地域から選び、それぞれで生徒たち十数名にグループをつくってもらい、調査への協力を依頼した。全部で一〇〇名ほどになる。各校へ社会学者が何度も出向き、信頼関係をつくりながら本音を聞き出す。また時には教師たちにも加わってもらう。そして数週間、時には数カ月をかける地道な根気のいる作業を通じて、高校生の気持ちを素直に受け止め、本当の姿を浮かび上がらせた。たんなるインタビューの羅列ではない、教育問題についての深い考察を交えたことで、デュベを代表するベストセラーの一つとなった。

この現場主義が、本書内でデュベ自身が語っているように、恩師であるアラン・トゥレーヌから学んだ、社会学的介入という方法である。

こうした手法はデュベの同僚や次の世代の社会学者にもひきつがれており、フランスの中堅社会学者と新たな社会学の動向に触れていることも本書の魅力の一つだ。ここでそうした研究者について少し補足しておこう。

その一人ディディエ・ラペロニは、ジャン゠ルイ・マリーと共著で『キャンパス・ブルース』（一九九二年）を刊行している。このキャンパスとは、もちろん大学のことである。私は八〇年代、そして九〇年代にパリの大学院へ留学したことがあるが、そのときに大学一年生の授業をのぞきに行ったことがある。パリの町外れだったと記憶しているが、メトロを乗り継いで行ったのはとても殺風景な場所で、ただ建物が並び、大きな教室に入ると数百人の学生でびっしり、教員は黙々とテキストを読み上げるというような授業だった。その後、研究者仲間にも聞いてみたが、フランスの大学の学部、とくに初年度はひどいものだということだ。

フランスの大学には入学試験がない。高校卒業時に一定の学力が認定されると、ほとんど誰もが大学に入学することができる。その割合は同世代の八割にも達し、別のコースに進む者もいるが、進路が決まっていない若者が大量に大学へと流し込まれる。そして驚くべきことに、入学者の半数、いや、場合によると七割近くが進級の道を断たれる。ラペロニの本にも出てくるのだが、教員は授業中に、君たちの何人が来年この教室にいるだろうねというようなことを言うそうである。私も大学教員のはしくれだが、もし日本でこんなことを言おうものなら、ツイッターは炎上し、大学から厳重注意を受けることだろう。

ラペロニらは、フランス南西部のボルドー大学、パリの中心にあるソルボンヌ、そしてパリを外れた北に位置する大学の三カ所で学生にインタビューした。大学に入った学生たちがまず発するのは、怒りや不満というよりも、とにかくひどい大学の現状に対する驚きだった。

日本でもかつてベビーブーマーの時代にマスプロ教育とかと言って、大量の学生を大教室に詰め込み授業をおこなったりしていたが、フランスの場合はそれが日常化している。しかも学生たちの驚きの原因の一つは、少人数教育やていねいな指導をする、それまでの高校（リセ）との落差である。大学に入って学生たちはどこで何をすればいいのかわからない、どうやって勉強し、課題にどう答えればいいのかわからない。誰も何も教えてくれず、内容が理解できない授業に戸惑い、次々と大学を去っていくという。まさにそのキャンパスライフは「ブルー」であることをラペロニは描き出した。

ラペロニは、郊外問題についても現地での調査をもとに興味深い大部の著作をものにしている。それがローラン・クルトワとの共著『都会のゲットー』（二〇〇八年）である。デュベの初期の著作『ガレー船』（一九八七年）もそうした問題を扱った先駆といえるが、ただデュベの場合は、産業の町が景気後退とともに変貌を遂げ、その苦しみから抜け出せなくなっていく様を描いたという点で、移民やその子弟などが郊外の低家賃高層住宅に詰め込まれて漂流しているという、今日の郊外問題とは性格を異にしていることに留意しておきたい。

また、パリ第五大学教授のフランソワ・ド・サングリーも注目される一人である。彼の著作は結婚、恋愛など、つまり愛や憎しみといった感情の領域を扱っている点に特徴がある。小説の一部や女性雑誌の記事、映画のストーリーなど、女性の生活や心を照らし出すたいへん興味深い事例を、いわば文学的表現やマスコミの資料の中から巧みに拾い集めている点にも特徴があって、研究者のみならず一般読者にも受け入れやすい（社会学で言うところのジンメル的語り口だ）。

初期の代表作『既婚女性の幸福と不幸――夫婦生活の影響に関する社会学』（一九八七年）の冒頭で、彼はこう述べている。

「私は自分の社会学的メガネを調整し直したところ、夫婦を結び付ける愛情がボヤけてしまった。反対に、これを見えなくしたことで、ほとんどの場合隠されていたある側面が感じ取られるようになった。すなわち現代家族の中で作用している社会的諸利害である。結婚生活によって女性が文化的経済的社会的資本の管理をどのように変更するかを見つけ出そう」

結婚することで女性はどう変わるのか？　日本より女性の社会進出がいち早く進むフランスだが、結婚あるいは事実婚の形で夫婦生活を営む中で、夫や子どもとの愛情にあふれた生活が、じつは女性をさまざまに制約し、あるいは改変する。そもそも「男性と女性とでは結婚に求めるものは当然違っている」、「女性は生活レベルによってランク付けされ、男性は収入によってランク付けされる」と言っているのだが、その意味するところは何だろうか？「男性は美しい女性を好むが、女性にとって美男であるかどうかはそれほど重要とはならない」のはなぜか？　誰でもどこかで考えたことのあるテーマである。

さらに、ド・サングリーと共著で『個人の社会学』（二〇〇九年）を刊行したダニロ・マルトゥセリも興味深い研究をしている。

さて、これらのフランス社会学の新世代はどこへ向かおうとしているのだろうか。ブルデューやクロジエ、トゥレーヌなどが、社会階層、組織、歴史性・近代性の中に現代社会の特徴を見出してきたとするなら、社会学の新世代はいわば社会学の向こう側へ出ようとしているのかもしれない。

ラペロニは、大学生活や郊外地区の問題の中に、それぞれの個人の苦しみやつらい思いをとらえ、同じ状況を共有しつつも、それぞれが自分の中に生れ出る特異な経験をかみしめて生きる、そんな個人の様子を示している。ド・サングリーは、結婚や恋愛の中で女性たちが同世代の人々と思いを同じくしながらも、女性たちそれぞれのポジションと来歴の中で自分だけの体験を刻み込む、そんな生と感情の断面を切り取る。

マルトュセリとド・サングリーが『個人の社会学』で提唱した新世代の社会学、それはまさにタイトルが物語るものズバリである。それは「社会」学の否定?かもしれないが、そのような方向が生み出されてきた一つの理由は、社会学があまりに社会のほうを向きすぎてきたという反省があるからではないか。


本書はこうした社会学の新しい流れも踏まえながら、デュベ独自の視点から、そしてデュベ自身の歩んだ道をもとにして、社会学を学ぶことの意味、ひとことで言えば「社会学は何の役に立つのか」を、時には理論的に、時には高校生にわかる言葉で優しく説明し、そして自分の社会学をひきつぎ発展させている次世代の研究にも触れるといったうれしいおまけも入れながら、巧みな話術とデュベらしいちょっと皮肉まじりの言葉でつづった、ためになる、そして考えさせてくれる著書となっている。

本書が、日本でも社会学が若い世代にもっと知られるようになる、そのきっかけとなることを心から願っている。(山下雅之)

Dubet F., 2002a, *Le Déclin de l'institution*, Paris, Seuil.〈制度の衰退〉

Dubet F., 2002b, « Pourquoi ne croit-on pas les sociologues ? », *Éducation et société*, n° 9-1, p. 13-25.〈なぜ社会学者は信用されないのか？〉

Dubet F., 2004, *L'École des chances*, Paris, Seuil.〈機会の学校〉

Dubet F., Lapeyronnie D., 2004, *Les Quartiers d'exil*, Paris, Seuil.〈流刑地区〉

Dubet F., avec Caillet V., Cortéséro R., Mélo D., Rault F., 2006, *Injustices. L'expérience des inégalités au travail*, Paris, Seuil.〈不公正——労働上の不平等に関する経験〉

Dubet F., 2007, *L'Expérience sociologique*, Paris, La Découverte.〈社会学的経験〉

Dubet F., 2009, *Le Travail des sociétés*, Paris, Seuil.〈社会の労働〉

Dubet F., 2010, *Les Places et les Chances*, Paris, Seuil.〈地位と機会〉

Dubet F., Duru-Bellat M., Vérétout A., 2010, *Les Sociétés et leur école*, Paris, Seuil.〈社会と学校〉

人々』新泉社，1984年）

Touraine A., Dubet F., Hegedus Z. et Wieviorka M., 1981, *Le Pays contre l'État*, Paris, Seuil.（アラン・トゥレーヌ，フランソワ・デュベ，ジュジャ・ヘゲデューシュ，ミシェル・ヴィヴィオルカ著，宮島喬訳『現代国家と地域闘争――フランスとオクシタニー』新泉社，1984年）

Touraine A., Dubet F., Strzelecki J. et Wieviorka M., 1982, *Solidarité*, Paris, Seuil.

Touraine A., Wieviorka M., Dubet F., 1984, *Le Mouvement ouvrier*, Paris, Fayard.

Van de Velde C., 2008, *Devenir adulte*, Paris, PUF.

Weber M., 1965, *Essais sur la théorie de la science*, Paris, Plon.

Wright Mill C., 1963, *L'Imagination sociologique*, Paris.（チャールズ・ライト・ミルズ著，鈴木広訳『社会学的想像力』紀伊國屋書店，1965年）

フランソワ・デュベの著作（〈〉内は書名・論文名の日本語訳）

Dubet F., 1987, *La Galère*, Paris, Fayard.〈ガレー船〉

Dubet F., 1991, *Les Lycéens*, Paris, Seuil.〈高校生〉

Dubet F., 1994, *Sociologie de l'expérience*, Paris, Seuil.（フランソワ・デュベ著，山下雅之監訳，濱西栄司・森田次朗訳『経験の社会学』新泉社，2011年）

Dubet F., D. Martuccelli, 1996, *À l'école*, Paris, Seuil.〈学校において〉

Dubet F., D. Martuccelli, 1998, *Dans quelle société vivons-nous ?*, Paris, Seuil.〈われわれはどのような社会に生きているだろうか？〉

Dubet F., 1999, *Le Collège de l'an 2000*, Paris, La Documentation française.〈2000年の中学校〉

Dubet F., M. Duru-Bellat, 2000, *L'Hypocrisie scolaire*, Paris, Seuil.〈学校的偽善〉

Morin E., 1962, *L'Esprit du temps*, Paris, Grasset.（エドガール・モラン著，宇波彰訳『時代精神』全2巻，法政大学出版局，1979／1982年）
Moulin S., 2010, « Statistical categorization of young people's entry to the labor market: a France/Canada comparison », *International Journal of Comparative Sociology*, vol. 51, n° 1-2.
Passeron J.-C., 1991, *Le Raisonnement sociologique. L'espace non-poppérien du raisonnement naturel*, Paris, Nathan.
Sartre J.-P., 1951, *Qu'est-ce que la littérature ?*, Paris, Gallimard.（ジャン＝ポール・サルトル著，加藤周一・海老坂武・白井健三郎訳『文学とは何か』人文書院，1998年）
Singly F. de, 2005, *L'individualisme est un humanisme*, La Tour d'Aigues, L'Aube.
Singly F. de, 2000, *Libres ensemble*, Paris, Nathan.
Touraine A., 1966, *La Conscience ouvrière*, Paris, Seuil.
Touraine A., 1969, *La Société postindustrielle*, Paris, Denoël.（アラン・トゥレーヌ著，寿里茂・西川潤訳『脱工業化の社会』河出書房新社，1970年）
Touraine A., 1978, *La Voix et le Regard*, Paris, Seuil.（アラン・トゥレーヌ著，梶田孝道訳『新装 声とまなざし――社会運動の社会学』新泉社，2011年）
Touraine A., 1984, *Le Retour de l'acteur*, Paris, Fayard.
Touraine A., 1992, *Critique de la modernité*, Paris, Fayard.
Touraine A., Dubet F., Hegedus Z. et Wieviorka M., 1978, *Lutte étudiante*, Paris, Seuil.
Touraine A., Dubet F., Hegedus Z. et Wieviorka M., 1980, *La Prophétie anti-nucléaire*, Paris, Seuil.（アラン・トゥレーヌ，フランソワ・デュベ，ジュジャ・ヘゲデューシュ，ミシェル・ヴィヴィオルカ著，伊藤るり訳『反原子力運動の社会学――未来を予言する

Paris, Gallimard.（ミシェル・フーコー著，田村淑訳『自己への配慮　性の歴史III』新潮社，1987年）
Foucault M., 2008, *Le Gouvernement de soi et des autres*, Paris, Gallimard.（ミシェル・フーコー著，阿部崇訳『自己と他者の統治――コレージュ・ド・フランス講義 1982-83』筑摩書房，2010年）
Fournier M., 2007, *Émile Durkheim*, Paris, Fayard.
Galland O., 2009, *Les jeunes Français ont-ils raison d'avoir peur ?*, Paris, Armand Colin.
Garfinkel H., 2007, *Recherches en ethnométhodologie*, Paris, PUF.（ハロルド・ガーフィンケル著，山田富秋・好井裕明・山崎敬一編訳『エスノメソドロジー――社会学的思考の解体』せりか書房，1987年）
Goffman E., 1973, *La Mise en scène de la vie quotidienne*, 2 t., Paris, Minuit.（アーヴィング・ゴッフマン著，石黒毅訳『行為と演技――日常生活における自己呈示』誠信書房，1974年）
Goffman E., 1979, *Asiles*, Paris, Minuit.（アーヴィング・ゴッフマン著，石黒毅訳『アサイラム――施設被収容者の日常世界』誠信書房，1984年）
Hamon H., Rotman P., 1984, *Tant qu'il y aura des profs*, Paris, Seuil.
Honneth A., 2006, *La Société du mépris*, Paris, La Découverte.
Lahire B., 2004, *La Culture des individus*, Paris, La Découverte.
Martuccelli D., 2002, *Grammaires de l'individu*, Paris, Gallimard.
Martuccelli D., 2006, *Forgé par l'épeuvre*, Paris, Armand Colin.
Masson P., 2001, « La fabrication des *Héritiers* », *Revue Française de Sociologie*, 42-3, p. 477-507.
Mendras H., 1967, *La Fin des paysans*, Paris, SEDEIS.（アンリ・マンドゥラース著，津守英夫訳『農民のゆくえ――フランス農村社会の変化と革新』御茶の水書房，1973年）
Moore B., 1978, *Injustice. The Social Bases of Obedience and Revolt*, London, Macmillan.

ブルデュー著，加藤晴久訳『パスカル的省察』藤原書店，2009年）

Bourdieu P., Chambordon J.-C., Passeron J.-C., 1968, *Le Métier de sociologue*, Paris, Mouton-Bordas.（ピエール・ブルデュー，ジャン＝クロード・シャンボルドン，ジャン＝クロード・パスロン著，田原音和・水島和則訳『社会学者のメチエ――認識論上の前提条件』藤原書店，1994年）

Burawoy M., 2005, « 2004 American Sociological Association Presidential address: For public sociology », *American Sociological Review*, vol. 70, Issue 1, 4-28.

Coleman J. S., 1990, *Foundations of Social Theory*, Cambridge (Mass) Harvard University Press.（ジェームズ・サミュエル・コールマン著，久慈利武訳『社会理論の基礎』上／下，青木書店，2004年）

Cousin O., Rui S., 2010, *L'Intervention sociologique*, Rennes, Presses Universitaires de Rennes.

Crozier M., 1963, *Le Phénomène bureaucratique*, Paris, Seuil.

Crozier M., Friedberg E., 1977, *L'Acteur et le Système*, Paris, Seuil.

Dubar C., 2002, « Les tentatives de professionnalisation des études de sociologues : un bilan progressif », in B. Lahire (ed.), *À quoi sert la sociologie ?*, Paris, La Découverte.

Dumont L., 1983, *Essais sur l'individualisme*, Paris, Seuil.（ルイ・デュモン著，渡辺公三・浅野房一訳『個人主義論考――近代イデオロギーについての人類学的展望』言叢社，1993年）

Duru-Bellat M., 2006, *L'Inflation scolaire*, Paris, Seuil.

Elster J., 2007, *Explaining Social Behavior*, Cambridge, Cambridge University Press.

Foucault M., 1975, *Surveiller et Punir*, Paris, Gallimard.（ミシェル・フーコー著，田村俶訳『監獄の誕生――監視と処罰』新潮社，1977年）

Foucault M., 1984, *Le Souci de soi* (*Histoire de la sexualité*, 3e vol.),

参考文献

Aron R, 1960, « Science et conscience de la société », *Archives Européennes de sociologie*, t. 1.

Aubenas F., 2010, *Le Quai de Ouistreham*, Paris, L'Olivier.

Beaud S., 2002, *80% au bac, et après ?*, Paris, La Découverte.

Beffy M., Fougère D., Maurel A., 2009, « L'impact du travail salarié des étudiants sur la réussite scolaire et la poursuite des études universitaires », *Économie et statistiques*, n° 422.

Berthelot J.-M., 1992, *L'Intelligence du social*, Paris, PUF.

Boltanski L., Thévenot L., 1991, *De la justification. Les économies de la grandeur*, Paris, Gallimard.（リュック・ボルタンスキー，ローラン・テヴノー著，三浦直希訳『正当化の理論――偉大さのエコノミー』新曜社，2007 年）

Boudon R., 1973, *L'Inégalité des chances dans les sociétés industrielles*, Paris, Armand Colin.（レイモン・ブードン著，杉本一郎・山本剛郎・草壁八郎訳『機会の不平等――産業社会における教育と社会移動』新曜社，1983 年）

Boudon R., 1986, *L'Idéologie ou l'Origine des idées reçues*, Paris, Fayard.

Boudon R., 2002, « À quoi sert la sociologie ? », *Cités*, n° 10, p. 133-156.

Bourdieu P., Passeron J.-C., 1964, *Les Héritiers*, Paris, Minuit.（ピエール・ブルデュー，ジャン＝クロード・パスロン著，石井洋二郎監訳『遺産相続者たち――学生と文化』藤原書店，1997 年）

Bourdieu P., 1993, *La Misère du monde*, Paris, Seuil.

Bourdieu P., 1997, *Méditations pascaliennes*, Paris, Seuil.（ピエール・

監訳者

山下雅之◎やました・まさゆき

京都大学大学院文学研究科博士課程修了。パリ第四大学社会学博士。現在、近畿大学文芸学部教授。専門領域は社会学理論。
主な著訳書　『コントとデュルケームのあいだ―― 1870年代のフランス社会学』(木鐸社)、『フランスのマンガ』(論創社)、フランソワ・デュベ著『経験の社会学』(監訳、新泉社)、ピエール・アンサール著『社会学の新生』(監訳、藤原書店)。

訳者

濱西栄司◎はまにし・えいじ

京都大学大学院文学研究科博士課程修了、京都大学文学博士。現在、ノートルダム清心女子大学文学部現代社会学科講師、国際社会学会RC47理事（secretary)、New Cultural Frontiers共同編集者。専門領域は、社会学理論、社会集団・組織論、集合行為論。
主な著訳書　『モダニティの変容と公共圏』(共著、京都大学学術出版会)、『社会学ベーシックス2　社会の構造と変動』(共著、世界思想社)、『誰も切らない、分けない経済』(共著、同時代社)、フランソワ・デュベ著『経験の社会学』(共訳、新泉社)。

渡邊拓也◎わたなべ・たくや

フランス国立社会科学高等研究院（パリ）第三課程修了、Ph.D(歴史学)。京都大学大学院文学研究科博士課程修了、京都大学博士（社会学)。現在、京都大学学際融合教育研究推進センター研究員、京都大学非常勤講師。専門領域は社会病理学、社会史。
主な論文　「医薬品からドラッグへ――一九世紀フランスにおける阿片」『ソシオロジ』56巻1号。

著者紹介

フランソワ・デュベ◎François Dubet

1946年生まれ。ボルドー第二大学名誉教授、社会科学高等研究院研究主任、社会学的介入・分析センター（CADIS）メンバー、エミール・デュルケム・センター研究員、国際社会学会RC47元会長（1998-2002年）。専門領域は、教育社会学、社会問題論、社会運動論、社会制度論など。アラン・トゥレーヌによる新しい社会運動（反原発運動、地域主義運動など）への社会学的介入調査にコアメンバーとして参画し、その後は郊外移民二世や高校生に関する研究で知られている（主な著書は参考文献参照）。

教えてデュベ先生、
社会学はいったい何の役に立つのですか？

2014年5月1日　第1版第1刷発行

著　者　フランソワ・デュベ

監訳者　山下雅之

訳　者　濱西栄司・渡邊拓也

発　行　新泉社
東京都文京区本郷2-5-12
電話 03-3815-1662　ファックス 03-3815-1422

印刷・製本　萩原印刷株式会社

ISBN978-4-7877-1408-4 C1036

カバー絵・本文挿画：たつみなつこ
ブックデザイン：堀渕伸治◎tee graphics

経験の社会学

フランソワ・デュベ著／山下雅之監訳、濱西栄司、森田次朗訳／A5判／二八〇〇円＋税
デュベの理論的主著。従来の社会理論を総合的に捉え直し、〈社会的排除〉と〈社会の解体〉を生きるわれわれの経験と主体性をリアルに描き出す。

声とまなざし　社会運動の社会学

アラン・トゥレーヌ著／梶田孝道訳／A5判上製／三八〇〇円＋税
社会の解体にいち早く注目し、新しい社会の創造と「アクター」に関する理論・方法論を提示した、フランス社会学を代表するトゥレーヌの名著。